Christine Reith

# Glücksorte in Fulda

## Fahr hin & werd glücklich

# Deine Glücksorte ...

**1) Blütenzauber**
Der Dahliengarten fast
direkt am Dom .................................. 8

**2) Einatmen, ausatmen, freuen**
Yoga- und Pilatesstudio
Blaue Stunde .................................. 10

**3) Fast wie in Frankreich**
Das O' Petit Paris in
der Karlstraße .................................. 12

**4) Entspannt hoch hinaus**
In der Boulderhalle
Block Barock .................................. 14

**5) Fröhlich abtauchen**
Lieblingsfreibad Waidesgrund
in Petersberg .................................. 16

**6) Streetart als Fotokulisse**
Selfiepoints in der
Innenstadt .................................. 18

**7) Einfach rollen lassen**
Milseburgradweg zwischen
Fulda und Rhön .................................. 20

**8) Das Fest des Jahres**
Fürstliches Gartenfest in
Schloss Fasanerie .................................. 22

**9) Einmal rundherum**
Spazierrunde am
Rauschenberg .................................. 24

**10) Bei Till und Theresa**
Concept-Store Wohnlust
am Buttermarkt .................................. 26

**11) Beliebtes Fotomotiv**
Das Alte Rathaus in der
Fußgängerzone .................................. 28

**12) Glücksbackstube**
Das Café Glück in
der Friedrichstraße .................................. 30

**13) Kleine Bühne ganz groß**
Theater mittendrin in
der Lindenstraße .................................. 32

**14) Ein Meisterwerk**
Dom St. Salvator zu Fulda .................................. 34

**15) Licht aus, Sterne an!**
Fulda – erste Sternenstadt
Deutschlands .................................. 36

**16) Stehen oder gehen**
Bonifatius-Ampelmännchen
in der City .................................. 38

**17) Frittenliebe**
antons meet & eat neben
dem Gemüsemarkt .................................. 40

**18) Fuldas sieben Hügel**
Der Schulzenberg bei
Haimbach .................................. 42

**19) Gänsehautfeeling**
Der Domvorplatz als
Konzertbühne .................................. 44

**20) Gartenglück auf Zeit**
Der Tegut-Saisongarten
am Eisweiher .................................. 46

**21** Kribbeln im Bauch
Das Heckenlabyrinth im
Schlossgarten ....................48

**22** Fast wie im Auenland
Waldorfsiedlung Loheland
in Künzell ...........................50

**23** Kunst aus Körnern
Früchteteppich in der
Alten Kirche Sargenzell ...................52

**24** Inklusives Kinderparadies
Der Familienbiergarten
Theresienhof .....................54

**25** Besinnlicher Budenzauber
Auf dem Weihnachtsmarkt
in der Innenstadt ............................56

**26** Fulda im Miniaturformat
Zwei Bronzemodelle in
der Stadt ...........................58

**27** Mitten im Wald
Naturspielplatz am
Gerloser Häuschen..........................60

**28** Den Winter vertreiben
Hutzelfeuer auf den
Dörfern ..............................62

**29** Training auf der Kuhweide
Farmfitness bei RhönGym
in Künzell ..........................64

**30** Eine Reise um die Welt
Boutique-Hotel Stadtvilla
Hodes am Peterstor........................66

**31** Eine Institution
Das Kulturzentrum Kreuz
in Horas .............................68

**32** Garten der Stille
Domdechaneigarten
direkt am hohen Dom......................70

**33** Abendzauber
Die Liobakirche am
Petersberg......................... ...............72

**34** Reise durch ein Herz
In der Kinder-Akademie
Fulda ..................................74

**35** Feierabend am Türmchen
Rhönklubhütte an der
Eichenzeller Warte ........ ...............76

**36** Einmal ohne alles bitte!
Emmas Unverpackt Laden
am Luckenberg.................. ...............78

**37** Stadt, Land, Fluss
Unterwegs mit Kanutours
ab Kämmerzell ................................80

**38** Gruseliges Mittelalter
Der Hexenturm in der
Kanalstraße ....................... ...............82

**39** Kneipe an Kneipe
Das Bermudadreieck in
der Altstadt .......................84

**40** Hofgemeinschaft erleben
Hofcafé am antonius Hof
in Haimbach..................... ...............86

# ... noch mehr Glück für dich

**41 Sagenhafter Pilgerort**
Schnepfenkapelle und
Körbelshütte bei Bimbach ............. 88

**42 Feine Filme**
Kino 35 in der Ohmstraße ............... 90

**43 Kunterbunte Regionalität**
Der Fuldaer Wochenmarkt ............. 92

**44 Natur und Kultur**
Das Vonderau Museum
Fulda ................................................. 94

**45 Nur fliegen ist schöner**
Himmelsschaukeln im
Hundeshagenpark .......................... 96

**46 Heimliche Kulturmeile**
Die charmanten Läden
der Löherstraße ............................... 98

**47 Perfekter Picknickplatz**
Barockgarten der Propstei
Johannesberg ................................ 100

**48 Schatzkiste für Bücherfans**
Hochschul- und Landes-
bibliothek Fulda ............................. 102

**49 Hier wohnt das Glück**
Das Glückswerk in der
Marktstraße .................................... 104

**50 Läuft!**
Wanderung vom Haselsee
zum Turm Via Regia ...................... 106

**51 Noch fünf, vier, drei ...**
Training bei Urbanic
Fitness ............................................. 108

**52 Gemeinsam gärtnern**
Die Zeppelingärten am
Umweltzentrum ............................. 110

**53 Nah am Wasser gebaut**
Die Waldgaststätte
Praforst in Hünfeld ........................ 112

**54 Das Zentrum von Fulda**
Der Universitätsplatz
in der Innenstadt ........................... 114

**55 Grünes Herz**
Der Fuldaer Schlossgarten ............ 116

**56 Make your Beans come true**
Reinholz Kaffeerösterei
im Steinweg ................................... 118

**57 Ein Turm im Vorgarten**
Spaziergang im Villenviertel
am Frauenberg .............................. 120

**58 Versteckte Kleinode**
Fuldas Innenhöfe mit Cafés
und Läden ...................................... 122

**59 Moderne trifft Tradition**
Auf dem Campus der
Hochschule Fulda .......................... 124

**60 Eine sichere Bank**
Das Café Ideal in der
Rabanusstraße ............................... 126

| 61 | **Fast keine ist älter** Michaelskirche direkt neben dem Dom ..........................................128 |
|---|---|

| 62 | **Pittoreskes Ensemble** Entdeckungstour durchs Barockviertel ................................130 |

| 63 | **Dinge fürs Herz** Das Lädchen Halemba Style in der Mittelstraße ..........................132 |

| 64 | **Auszeit zu Fuß** Am Aueweiher im Naherholungsgebiet Fuldaaue ................................134 |

| 65 | **Deckenkino** Fürstensaal im Stadtschloss Fulda ..........................136 |

| 66 | **Pilgerort für Musicalfans** Das Schlosstheater Fulda ..............138 |

| 67 | **Was für eine Aussicht!** Auf der Terrasse vom Flora Klostercafé .........................140 |

| 68 | **Fulda in elf Stationen** Bonifatiusstieg zwischen Innenstadt und Horas ...................142 |

| 69 | **Barockjuwel** Schloss Fasanerie in Eichenzell ..........................................144 |

| 70 | **Fuldaer Weingeschichte** Spätlesereiter-Statue im Schlosshof ..........................................146 |

| 71 | **Danke Ferdi!** Ferdinand-Braun-Park in der Künzeller Straße ......................148 |

| 72 | **Abendrunde am See** Haunetalsperre in Marbach ..........................................150 |

| 73 | **Übers Kopfsteinpflaster** Spaziergang durch die Tränke ..........................................152 |

| 74 | **Miniurlaub** Walnussbaum unterhalb der Schulzenkapelle .......................154 |

| 75 | **Von Meisters Hand** Dientzenhofer-Wohnhaus in der Rittergasse ............................156 |

| 76 | **Beim roten Sofa** Im Wohnzimmer vom Verein Welcome In! .........................158 |

| 77 | **Barocke Schönheit** Orangerie am Schlossgarten .........160 |

| 78 | **Savoir-vivre** Sommer im Museumshof..............162 |

| 79 | **Stille finden** Das Kloster Frauenberg über der Stadt ..........................................164 |

| 80 | **Ein Stück Zuhause** Die Bar Heimat. am Buttermarkt ..................................166 |

# Blütenzauber

## Der Dahliengarten fast direkt am Dom

Er liegt versteckt zwischen Dom und Altstadt – also mitten im Herzen von Fulda – und ist eine zauberhafte Ruheoase: der Dahliengarten. In dem kleinen Park blühen vom Sommer bis zum ersten Frost mehr als 65 verschiedene Dahliensorten in allen erdenklichen Farbschattierungen, Formen und Größen. Angelegt hat die Stadt Fulda den Dahliengarten zur Landesgartenschau 1994, später wurde er Teil des ersten Deutschen Gartenkulturpfads.

Die Blumenbeete sind sternförmig um einen Brunnen angelegt und über und über mit üppigen Dahlien bepflanzt. Man kann sich kaum sattsehen an dem Blütenmeer und an jeder Ecke gibt es etwas Besonderes zu entdecken. Manche Blumen sehen aus wie bunte Kugeln auf Stängeln, andere wie Schneebälle, Sterne oder explodierende Pompons.

Auch viele seltene Sorten der Königin des Herbstes wachsen hier, wie die lila-rosafarbene „Hapet Elite", das „Sommerlachen" mit rot-weißen Spitzen oder die rote „Marie Schnugg".

Die Blütenpracht ist auch deswegen so besonders, weil die Dahlie als ausgesprochen pflegeintensiv und anspruchsvoll gilt. Fast täglich müssen die Gärtnerinnen und Gärtner die Pflanzen gießen, von verwelkten Blüten befreien oder mit langen Stäben stabilisieren. Im Spätherbst werden alle Pflanzenknollen einzeln ausgegraben, trocken gelagert und im Frühling erst in Wasser eingeweicht und später neu eingegraben. Alle Jahre wieder. Vor allem Blumenliebhaber und Hobbygärtner würdigen diesen Aufwand und schätzen es, das Gartenareal einfach nur zu durchwandern, auf sich wirken zu lassen und die ein oder andere Sorte neu zu entdecken. Mehrere Bänke stehen bereit, um die friedliche Stimmung des Ortes und auch den Ausblick auf den historischen Hexenturm und die Spitzen des Doms ganz in Ruhe genießen zu können. Eingerahmt wird der kleine Garten mit Hinterhofcharakter von Häusern und einer dicken Mauer, die gut vor dem Trubel der Stadt schützt. Es gibt wohl kaum ein romantischeres Plätzchen in Fulda, vor allem am Morgen.

**TIPP**
Vom Dahliengarten gelangt man direkt über den Hintereingang zur Ausstellung des Kunstvereins Fulda.

- Dahliengarten, Johannes-Dyba-Allee, 36037 Fulda, Tel. (06 61) 1 02 18 13
www.tourismus-fulda.de
- ÖPNV: Bus 2 (Fulda Pozzistraße), Haltestelle Fulda Dom

# Einatmen, ausatmen, freuen

## Yoga- und Pilatesstudio Blaue Stunde

Wow – was für ein Gebäude! Das Yoga- und Pilatesstudio Blaue Stunde befindet sich in einem prächtigen Industriedenkmal, wenige Gehminuten von der Fuldaer Innenstadt entfernt. Das Areal wurde mehr als 100 Jahre lang als Kerzenfabrik genutzt und erst vor wenigen Jahren aufwendig restauriert. Hohe Decken, große Flügelfenster, alte Stahlsäulen und loftartige Räume erzählen von der Geschichte des Hauses und versprühen schicken Industriecharme.

Zugleich ist das Ambiente der Blauen Stunde, die im dritten Obergeschoss liegt, voller Wärme, Frieden und Fröhlichkeit. Alles ist lichtdurchflutet, toll eingerichtet und mit einem Händchen für schönes Design gestaltet. Direkt hinter der Anmeldung, wo das Team die Gäste herzlich empfängt, gibt es einen langen Holztisch und eine Sitzecke mit kunterbunten Kissen. Hier kann man erst mal in Ruhe ankommen, es sich mit einem Glas Tee gemütlich machen und den Stundenplan nach einem passenden Kurs durchforsten.

Denn auch das Angebot der Blauen Stunde ist vielfältig und ausgesucht: Es gibt Yogakurse in den verschiedensten Stilen – vom ruhigen Yin Yoga über Bikram Yoga bei 38 Grad bis zum dynamischen Ashtanga Yoga – und jeden Tag hat man die Auswahl zwischen verschiedenen Lehrenden oder Kursformen. Regelmäßig finden Workshops statt, mal mit bekannten Yogis, mal zu besonderen Themen oder zur Yogaphilosophie. So kann man immer wieder Neues für sich entdecken oder Altbewährtes praktizieren. Inhaberin Maike Schneider liegen aber vor allem auch die Pilateskurse am Herzen, denn diese bietet die Fuldaerin schon seit mehr als 15 Jahren an. Auch hier gibt es einen abwechslungsreichen Trainingsplan inklusive Pilates für Männer oder für alle ab 55 sowie Workshops zu neuen Trends oder um intensiver am Stück zu üben. „Pilates und Yoga sind super, um Verspannungen zu lösen, geschmeidiger zu werden und die Körpermitte zu stärken", sagt sie. „Vor allem, wenn die ersten Wehwehchen losgehen." Klingt nach einem guten Plan – vor allem in diesen schönen Räumen!

- Blaue Stunde – Yoga & Pilates, An Vierzehnheiligen 9, 36039 Fulda, Tel. (06 61) 25 02 78 00, www.blauestunde.de
- ÖPNV: Bus 6 (Marbach), Haltestelle Amand-Ney-Straße plus 5 Minuten Fußweg

# Fast wie in Frankreich

 Das O' Petit Paris in der Karlstraße

Ein kleines Stück Paris nach Fulda bringen: Mit dieser Idee hat Gastronomin Rhizlane Benkarbache das Café und Bistro O' Petit Paris eröffnet – und sich damit einen ganz persönlichen Traum erfüllt. Mitten in der Fußgängerzone serviert die Herzensgastgeberin gesunde Bowls, kleines Gebäck wie Macarons und Tartelettes oder Quiches mit Salat. Typisch Paris eben! Vor allem die Bowls sind in Fulda selten: Es gibt sie zum Frühstück mit Porridge und frischen Früchten, mit einem Smoothie zum Löffeln oder mit herzhaften Komponenten wie Couscous, Grillgemüse, Sprossen und Lachs. Dazu passen die frisch gepressten Säfte oder ausgefallenen Mocktails von der Getränkekarte. Zum Konzept gehört es, dass alle Produkte mit Bedacht ausgesucht und nach Möglichkeit von regionalen Händlern bezogen werden – wie der köstliche Kaffee von einer kleinen Kaffeerösterei ganz in der Nähe. Das Team kocht und backt alles selbst und liebt es, die Gerichte und Törtchen „instagramable" zu dekorieren – vielleicht auch ein Grund für die große Fangemeinde.

Besonders ist aber nicht nur das Angebot, sondern auch das Ambiente des kleinen Cafés: Schicke Möbel, stilvolle Farben und Art-déco-Elemente erschaffen ein edles und zugleich gemütliches Flair. In dem Mix aus Pariser Lifestyle und Elementen aus dem Orient, wo die Wurzeln von Inhaberin Rhizlane liegen, fühlt sich das Publikum sichtlich wohl. Neben den vielen Stammgästen, die manchmal nur schnell auf einen Espresso reinkommen oder bei Kaffee und Kuchen den ganzen Nachmittag hier verbringen, finden Besucher von überallher den Weg ins O' Petit Paris. Die auffallend schöne Gestaltung, der passende Name und der Blick ins Törtchenregal locken ins Innere. Wobei man im Sommer auch herrlich an den kleinen Tischen auf den Bürgersteigen Platz nehmen und nach Herzenslust die Vorbeiflanierenden beobachten kann. Doch egal, ob drinnen oder draußen: Die Gastfreundschaft und die unkomplizierte Art des ganzen Teams machen es leicht, die Zeit im O' Petit Paris zu genießen.

● O' Petit Paris, Karlstraße 11, 36037 Fulda, Tel. (06 61) 90 00 06 76
www.opetitparis.de
● ÖPNV: Bus 4 (Pilgerzell), Haltestelle Fulda Brauhausstraße

# Entspannt hoch hinaus

## In der Boulderhalle Block Barock

Für manche ist es ein großes Glück, Sport zu machen und an die eigenen Grenzen zu gehen. Andere sind glücklich, wenn sie auf der Couch liegen und sich entspannen. Im Block Barock kann man beides: Den ganzen Tag bouldern – also klettern ohne Sicherung – und es sich auf Sofas bequem machen und dabei anderen beim Bouldern zusehen. Letzteres hat auf jeden Fall einen hohen Glücksfaktor in der 1800 Quadratmeter großen Boulderhalle. Denn hier trainieren echte Wandathleten, die auch mal kopfüber, im Spagat oder springend an der Wand entlangklettern. Beeindruckend! Aber – und das ist der Clou – Bouldern ist auch was für blutige Anfänger. Denn Beginner und Profis klettern ohne Seil an maximal 5 Meter hohen Wänden, unter denen dicke Matten liegen. Man kann also jederzeit wieder abspringen. Für Erwachsene gibt es Boulderrouten in verschiedenen Schwierigkeitsgraden, deren Tritte und Griffe farblich markiert sind. So kann sich jeder nach Lust und Laune ausprobieren. Damit auch Stammgäste immer neue Herausforderungen finden, schrauben die Mitarbeitenden die Routen regelmäßig um.

Lässt die Kraft in Händen und Armen nach, spielt man einfach eine Runde Billard, Tischtennis oder Kicker an Geräten, die überall im Block Barock aufgestellt sind. Großartig für Familien ist der separate „Kids Block" mit extra niedrigen Boulderwänden, einer Rutsche und vielen großen Hüpfbällen. Hier können sich die Kleinen richtig austoben. Überhaupt sind in der Boulderhalle alle sehr entspannt: Es läuft Musik, das Publikum ist bunt gemischt und der Charakter in der alten Industriehalle trendig-urban. Vor allem der Außenbereich mit Freiluftwand und Lounge sowie das große Café im Eingang haben ein „hyggeliges" Flair. Hier gibt es leckeren Kaffee, Pizza und Eis – schließlich verbraucht Bouldern jede Menge Energie. Und für mehr Beweglichkeit und Ausdauer finden im Keller Yogakurse statt. Keine Frage: Das Block Barock ist einer der entspanntesten Orte der Stadt!

## TIPP

Für Gruppen oder Kindergeburtstage bietet Block Barock spezielle Einführungsprogramme an.

---

- Boulderhalle Block Barock, Kreuzbergstraße 40, 36043 Fulda, Tel. (06 61) 49 98 84 19, www.block-barock.de
- ÖPNV: Bus 7 (Engelhelms), Haltestelle Fulda Kreuzbergstraße

# Fröhlich abtauchen

 Lieblingsfreibad Waidesgrund in Petersberg

Sommer, gutes Wetter und Lust auf eine Abkühlung? Das Freibad Waidesgrund gehört zu den familiärsten Schwimmbädern weit und breit. Die Atmosphäre ist entspannt und erholsam. Das Gelände am beschaulichen Petersberg direkt neben einem Sportstadion ist großzügig gestaltet. Und die Mitarbeitenden kennen viele Badegäste persönlich. Jedenfalls wird sich überall herzlich gegrüßt und auf den neuesten Stand gebracht. Große Liegewiesen mit Bäumen, Büschen und Blumenstreifen bieten viel Grün und lassen jedem Badegast ausreichend Platz.

Vor allem die „Early Birds" genießen es, am frühen Morgen das 33-Meter-Becken ganz für sich zu haben und in aller Ruhe – oder im selbst gewählten Trainingstempo – ihre Bahnen zu ziehen. Wer möchte, springt vom 3-Meter-Turm ins Nass oder startet mit einem Köpfer vom Startblock. Das geht auch bei kühlerem Wetter, denn Schwimmer- und Nichtschwimmerbecken sind auf 24 Grad beheizt.

Gegen Mittag, wenn die ersten Familien mit dick bepackten Taschen eintrudeln, wird es wuseliger. Im etwas abseits gelegenen Eltern-Kind-Areal finden sie ein Planschbecken mit Minirutsche und Sonnensegel, mehrere Wasserspielgeräte und einen kleinen Spielplatz. Die Liegewiese reicht fast direkt bis ans Kinderbecken heran, was das Hin und Her zwischen Wasser und Decke für Eltern deutlich entzerrt.

Große Doppelholzbänke, die überall auf dem Gelände verteilt stehen, bieten im Freibad Waidesgrund den besten Platz zum Sonnen, Dösen und Beobachten. Aber auch auf den vielen Bänken rund um die Becken vergeht der Nachmittag wie im Flug. Rasch noch die große Rutsche ins Nichtschwimmerbecken hinunter, wo immer eine Traube Kinder Fangen spielt oder erste Schwimmversuche unternimmt. Oder doch noch eine Partie Tischtennis spielen auf den Platten im südwestlichen Freibadbereich. Zwischendurch können sich die Badegäste am Kiosk mit Eis, Süßigkeiten oder Pommes versorgen oder auf der Bistroterrasse einen Kaffee trinken. Perfekt – so ein Badetag in Petersberg!

..........................................................................................

● Freibad Waidesgrund, Am Pfaffenpfad 6, 36100 Petersberg, www.petersberg.de
● ÖPNV: Bus 1 (Petersberg Konrad-Adenauer-Schule),
Haltestelle Fulda Waidesgrund plus 5 Minuten Fußweg

# Streetart als Fotokulisse

## Selfiepoints in der Innenstadt

Zugegeben, Fulda ist keine Großstadt. Metropolen wie Hamburg, Köln oder Berlin fühlen sich hier manchmal sehr weit weg an. Und doch schwappen ab und zu urbane Trends in die Barockstadt, die dann – in der hessischen „Provinz" – extra viel Aufmerksamkeit erregen und auch extra viel Freude bereiten. Solch ein Trend sind Selfiepoints. Vor ein paar Jahren hatte das Citymarketing Fulda den regionalen Künstler Ingmar Süß damit beauftragt, ganz in der Nähe des Bahnhofs ein Graffitigemälde anzubringen, das sich perfekt für Selfies oder Fotos von Freunden eignet – ob für Follower oder das Familienalbum. Entschieden hat sich der Illustrator für gewaltige, farbintensive Engelsflügel mit einem goldenen Heiligenschein. Sie zieren nun die Rückseite einer Tiefgarage und einen Straßenzug der Stadt, der an sich wenig attraktiv ist, und werten so die Gegend auf. Kurz darauf entstanden weitere Streetartgemälde von Ingmar Süß zum Selbstfotografieren – dieses Mal direkt auf der alten Stadtmauer in der Brauhausstraße, ein cooler Kontrast. Natürlich haben die Verantwortlichen dabei auf den Denkmalschutz geachtet und mit Holzplatten gearbeitet, auf denen sich der Künstler austoben konnte. Zur Auswahl stehen dort ein Flügelpaar aus zartweißen Lilienblüten und ein Kranz aus bunten Pfauenfedern. Auch wieder in tollen Farben. Die Graffitikunst ist eingebunden in einen kleinen Park, wo man sich gemütlich aufhalten und seine Bilder ganz in Ruhe aufnehmen, sichten und gleich teilen kann. Die Fuldaer Selfiepoints kommen gut an – natürlich vor allem bei jungen Leuten. Aber auch Brautpaare und Familien lassen sich hier gerne fotografieren. Ist eben mal was anderes!

Streetartkünstler Ingmar Süß hat übrigens nicht nur Selfiepoints für Fulda gestaltet, sondern auch mehrere Spielfelder in 3-D-Optik in der Innenstadt wie Hüpfkästchen und Tic-Tac-Toe. Die Spielgelegenheiten werden von lokalen Läden gepflegt und laden zum Beispiel in der Kanalstraße, am Buttermarkt oder am Universitätsplatz zum Spielen ein.

**TIPP**
Fuldaselfies suchen und in den sozialen Medien teilen mit dem Hashtag #spuerefulda.

● Selfiepoint Engelsflügel in der Ruprechtstraße (Außenwand Tiefgarage, Rückseite ZOB), 36037 Fulda
● ÖPNV: Bus 5 (Künzell Kastanienweg), Haltestelle ZOB
● Selfiepoint Lilien/Pfau in der Brauhausstraße (Rückseite Parkhaus), 36037 Fulda
● ÖPNV: Bus 4 (Pilgerzell), Haltestelle Fulda Brauhausstraße

# Einfach rollen lassen

## Milseburgradweg zwischen Fulda und Rhön

Züge mögen es eben. Radfahrer auch. Und so entstand die großartige Idee, stillgelegte Bahntrassen neu zu nutzen und zu Fahrradwegen umzubauen. Der Milseburgradweg ist solch ein Bahntrassen-Radweg und sicher einer der schönsten überhaupt.

Obwohl er wenig Steigung hat, führt er vom Westen Fuldas bis in die Rhön – genauer: von Petersberg-Götzenhof über Hofbieber bis nach Hilders im Ulstertal. Der Weg ist durchgehend asphaltiert und wird kaum von anderen Verkehrsteilnehmern wie Joggern oder Spaziergängerinnen genutzt – man kann also entspannt vor sich hinradeln und die Gedanken ziehen lassen. Rechts und links der 27 beziehungsweise insgesamt 54 Kilometer langen Strecke liegen üppige Felder und duftende Wiesen, kleine Dörfer und bewaldete Flächen. Auf dem Hinweg ragen zuerst das Schloss Bieberstein – ein hübsches Barockschloss, das heute als Internat genutzt wird – und später der Berg Milseburg auf. Ab und zu gibt es einen kleinen Biergarten zum Einkehren und in Langenbieber liegt eines der schönsten Freibäder der Region.

### TIPP
Wer es ganz entspannt mag, fährt mit dem RhönRadBus nach Hilders und radelt nach Fulda zurück.

Nach 17 Kilometern erreicht man das Highlight der Strecke: den Milseburgtunnel – mit rund 1,2 Kilometern einer der längsten Fahrradtunnel Deutschlands. Selbst an heißen Sommertagen ist es im Tunnelinneren 8 bis 10 Grad kalt, also unbedingt eine Jacke einpacken! Weil im Tunnel Fledermäuse leben, ist er nur von Mitte März bis Ende Oktober geöffnet. Eine Umleitung für den Winter ist ausgeschildert. So schön der Milseburgradweg Richtung Rhön auch ist: Am schönsten ist der Rückweg von Hilders nach Fulda und vor allem die Abfahrt im schwach beleuchteten Tunnel. Da möchte man jauchzen vor Glück. Zwischen Milseburg und Götzenhof reicht es, ab und zu in die Pedale zu treten und sich weitgehend rollen zu lassen. Selbst Ungeübte und Kinder schaffen die Strecke ohne Probleme. Und wenn dann langsam der Rauschenberg in Sicht kommt, hat man sich ein kaltes Radler oder einen heißen Kaffee wirklich verdient.

- Milseburgradweg (Teil des R3), Start: Parkplatz Götzenhof, Ziel: Parkplatz Bahnhof Hilders und zurück, www.milseburgradweg.de
- ÖPNV: RhönRadBus (Linie 90), Haltestelle Götzenhof Milseburgradweg (Sa., So. etwa alle 2 Std. inkl. kostenlosem Radtransport)

# Das Fest des Jahres

## Fürstliches Gartenfest in Schloss Fasanerie

Wer zum ersten Mal das Fürstliche Gartenfest in Schloss Fasanerie besucht, kann es kaum glauben: So viele wundervolle Stände, solch eine zauberhafte Location, so viele Köstlichkeiten und so viel Schönes auf einem Fleck. Kein Wunder, dass jedes Jahr im Mai rund 25.000 Gäste die Ausstellung für Gartenkultur und ländliche Lebensart besuchen.

Veranstaltungsort ist Schloss Fasanerie in Eichenzell, Hessens schönstes Barockschloss. Genauer: ein idyllischer Hofgarten mit Streuobstwiese, einem Brunnen und aufwendig angelegten Beeten. Auch die Innenhöfe, Ställe und Scheunen des Schlosses werden genutzt. Was für eine Kulisse! Die barocke und zugleich naturnahe Umgebung passt wunderbar zum edlen Angebot: In weißen Pavillonzelten bieten Händlerinnen und Händler aus dem In- und Ausland besondere Pflanzen und Floristik, außergewöhnliche Mode und originelles Kunsthandwerk sowie feine Kulinarik an. Gäste können im Schatten alter Apfelbäume von Stand zu Stand bummeln, etwas Leckeres genießen und sich mitreißen lassen vom einzigartigen Flair. Das Gelände ist weitläufig und bietet auch bei vielen Besucherinnen und Besuchern ausreichend Platz.

Doch nicht nur das Schaugelände, auch das Rahmenprogramm ist prall gefüllt und exklusiv: Es gibt Workshops, Führungen und Vorträge sowie Livemusik, Kulturevents und Mitmachaktionen. Von lehrreich bis unterhaltsam ist alles dabei. Beeindruckend ist auch der Schaugartenwettbewerb, bei dem Studierende der Landschaftsarchitektur originelle Gärten extra für das Event entwerfen, planen und umsetzen.

Vier Tage dauert das Fürstliche Gartenfest und danach ist man erst mal gesättigt von Eindrücken und Inspirationen rund um den Garten und alles, was das Leben schöner macht. Doch zum Glück darf man sich gleich aufs nächste Mal freuen – es dauert ja nur 362 Tage!

## TIPP
Im Herbst gibt es Feinwerk, den Markt für echte Dinge im Schloss Fasanerie. www.feinwerk-markt.de

- Das Fürstliche Gartenfest Schloss Fasanerie, 36124 Eichenzell www.gartenfest.de (jährlich im Mai)
- ÖPNV: Bus 7 (Engelhelms), Haltestelle Engelhelms Ortsmitte plus 15 Minuten Fußweg oder Shuttle

# Einmal rundherum

## Spazierrunde am Rauschenberg

Ob bei Sonnenaufgang oder Sonnenuntergang, im Frühling oder bei Schnee, spazierend oder joggend – die Runde um den Rauschenberg gehört zu den Lieblingstouren vieler Fuldaerinnen und Fuldaer. Sie ist ein Klassiker unter den Spazierwegen der Region.

Der Petersberger Hausberg hat zwar nur eine Höhe von 471 Metern, aber durch seine freie Lage bietet der Rauschenberg eine herrliche Weitsicht: Auf der Westseite reicht der Blick über die Barockstadt Fulda und den Stadtteil Lehnerz, im Osten öffnet sich eine Panoramasicht auf die Kuppen der Rhön mit Schloss Bieberstein und der Wasserkuppe, und auf der Südseite überblickt man das Wohngebiet von Petersberg mit der Liobakirche. Rechts und links des Weges liegen Wiesen und bewirtschaftete Felder, der obere Teil der Erhebung ist dicht bewaldet. Mit etwas Glück zeigen sich dort Rehe, die trotz der Stadtnähe hier leben oder durchziehen. Mehrere tiefe Krater im Waldboden erzählen von der Bombardierung des Gebietes im Zweiten Weltkrieg – ziemlich schaurig.

**TIPP**
Die Rauschenberghütte hat geöffnet, wenn die grüne Fahne am Haus gehisst ist.

Entweder man folgt dem unteren, rund 3 Kilometer langen Rundweg um den Berg herum, dem 2,5 Kilometer langen Wanderweg durch den oberen Wald oder kombiniert beide Strecken miteinander. Der Aufstieg zum Gipfel lohnt sich besonders, denn hier steht ein historischer Wartturm aus dem 13. Jahrhundert, der begehbar ist und einen Rundumblick in die Rhön, das Fuldaer Land und auf den Vogelsberg bietet.

Am Wochenende und an Feiertagen hat die Rauschenberghütte oberhalb vom Petersberger Friedhof geöffnet, wo der Rhönklub auf einer überdachten Terrasse Kaffee, Kuchen und einfache Gerichte anbietet. Direkt nebenan liegt ein Spielplatz mit vielen Gebüschen und niedrigen Bäumen zum Klettern und Verstecken. Die Gemeinde hat zwei Panoramabänke aufgestellt, sodass Eltern ganz entspannt den Kleinen beim Spielen zuschauen und zugleich den Fernblick genießen können. Vor dem Rückweg freuen sich die Schafe und Ziegen des NABU, die unterhalb der Rauschenberghütte grasen, über ein paar Streicheleinheiten.

● Naherholungsgebiet Rauschenberg, Parkplatz Rauschenberg, 36100 Petersberg, www.petersberg.de
● ÖPNV: Bus 2 (Petersberg Konrad-Adenauer-Schule), Haltestelle Konrad-Adenauer-Schule

# Bei Till und Theresa

 Concept-Store Wohnlust am Buttermarkt

Der Buttermarkt gehört zu den schönsten und trubeligsten Plätzen der Innenstadt. Eingerahmt von historischen Häusern stehen hier Dutzende Tische kleiner Cafés und Restaurants im Freien und verbreiten im Sommer eine fast mediterrane Stimmung.

Die Atmosphäre verändert sich, wenn man das Wohnlust am östlichen Ende des Buttermarktes Richtung Peterstor betritt – denn der Concept-Store ist ein Ort der Ruhe und skandinavischen Lässigkeit. Auf rund 300 Quadratmetern Ladenfläche bieten Theresa und Tillmann Pusch Möbel und Wohnaccessoires an – vor allem aus Holz, Beton, Glas und Leinen. Die beiden haben ein Faible fürs Einrichten und Gestalten und setzen dabei auf einen Mix aus skandinavischer Gemütlichkeit, urbanen Möbeln und Accessoires in zarten Erdfarben. Mehrere Ecken im Laden zeigen, wie man in diesem Stil die verschiedenen Bereiche der eigenen Wohnung zum Leben, Essen, Arbeiten und Schlafen gestalten kann. Es gibt wunderschön gedeckte Esstische, eine offene Küchentheke, einen Schlafbereich und eine Kinderecke, in der junge Kundinnen und Kunden einen tollen Platz zum Spielen finden. Das Besondere: Das Sortiment ist so aufeinander abgestimmt, dass man alles gut miteinander kombinieren kann. Auch in puncto Nachhaltigkeit ein wichtiger Aspekt.

Trotz seiner Größe ist das Wohnlust unglaublich persönlich. Till und Theresa haben zwar mittlerweile auch einen Onlineshop und eine Zweigstelle mit Lager, Fotostudio und Werkstatt in Schlüchtern. Sie sind aber selbst oft vor Ort am Buttermarkt und nehmen sich viel Zeit für die Beratung. Immer wieder haben sie Ideen für neue Themenfelder wie Parkettböden und Wandfarben, Kulinarik oder Mode und Schmuck. Vor einiger Zeit hat Theresa ihre Leidenschaft für das Handlettering entdeckt und entwirft seitdem handgeschriebene Karten mit Wünschen, Gedanken oder kleinen Geschichten. Die Postkarten kann man zum Verschicken oder direkt in einem Rahmen kaufen – denn an der Wand machen sich Sprüche wie „Augen zu und tanzen" auch richtig gut.

● Concept-Store Wohnlust, Buttermarkt 16, 36037 Fulda, Tel. (06 61) 96 79 67 95
www.wohnlust.de
● ÖPNV: Bus 4 (Pilgerzell), Haltestelle Fulda Peterstor

# Beliebtes Fotomotiv

 Das Alte Rathaus in der Fußgängerzone

Wer den Hashtag Fulda bei Instagram eingibt, landet rasch bei Bildern vom Alten Rathaus. Das Gebäude an der Ecke von Borgiasplatz, Steinweg und Unterm Heilig Kreuz gehört zu den am meisten fotografierten Denkmälern der Stadt. Der imposante und farbenprächtige Bau sticht deutlich aus dem Stadtbild heraus. Denn während Fulda sonst eher vom Barock geprägt ist, gilt das Alte Rathaus als klassisches Beispiel für die späte Gotik und ist damit besonders auffällig.

Am besten man sucht sich ein Plätzchen auf den Bänken des Borgiasplatzes und lässt den dreistöckigen Prachtbau in Ruhe auf sich wirken. Charakteristisch für das Ensemble sind die Arkaden im Erdgeschoss, hinter deren Spitzbögen heute die Schaufenster einer Modeboutique und einer Buchhandlung liegen. Der Großteil des Hauses besteht aus einer beeindruckenden Fachwerkfassade, deren grün-weiße Gestaltung einen spannenden Komplementärkontrast zum ziegelroten Dach und dem rot verputzten Erdgeschoss bildet. Ein Turm ziert die Ecke des Komplexes und auf dem Dach streben elf Erkertürmchen filigran in den Himmel – typisch für die gotische Bauweise.

Das Alte Rathaus ist um 1500 entstanden und diente bis 1872 als Rathaus der Stadt. Hinter den damals offenen Arkaden war eine große Halle untergebracht, wo Handel betrieben, Versammlungen abgehalten und auch das städtische Geschütz aufbewahrt wurde. Im ersten Stock waren Ratsstuben und Rüstkammern. Das üppige Gebäude war Sinnbild der Bedeutung Fuldas im Heiligen Römischen Reich. Mehrere Male tagte hier der Deutsche Reichstag und sogar Martin Luther soll zu Besuch gewesen sein. Mit dem Umzug der Stadtverwaltung ins Kanzlerpalais verlor das Alte Rathaus zunächst an Bedeutung. Erst in den 1960er-Jahren weckten die Stadtoberen das Gebäude aus seinem Dornröschenschlaf und machten es zu dem Schmuckstück, wie wir es heute kennen. Ob die Sanierung mit den Farben Rot-Grün und den vielen Dachtürmchen allerdings wirklich authentisch war, bleibt bis heute umstritten.

......................................................................

● Altes Rathaus, Unterm Heilig Kreuz 10, 36037 Fulda, www.tourismus-fulda.de
● ÖPNV: alle Stadtbusse, Haltestelle Stadtschloss

# Glücksbackstube

## Das Café Glück in der Friedrichstraße

Ein Glücksortebuch für Fulda ohne das Café Glück wäre undenkbar – und das liegt keinesfalls nur am Namen! Selbst unter einem ganz anderen Motto würde das „Glück" definitiv auf der Liste der schönsten Cafés und glücksbringendsten Orte der Stadt stehen. Das liegt zum einen am Ambiente: Die Location befindet sich mitten in der hübschen Friedrichstraße in einem ehemaligen Buchladen und strahlt absolutes Wohlfühlflair aus. „Hyggelig" würden die Skandinavier sagen. Helle Möbel, liebevolle Deko und eine persönliche Stimmung prägen das Bild. An warmen Tagen können Gäste auch an Tischen vor dem Café Platz nehmen und das Hin und Her in einer der schönsten Fußgängerzonen der Stadt beobachten.

Zum anderen ist das Glück natürlich Programm: Ein fliegendes Glücksschwein ziert das Logo, überall an den Wänden hängen Zitate rund ums Glück, es gibt Kaffee von glücklichen Bohnen und Kuchen aus der Glücksbackstube – so jedenfalls steht es auf der Karte. Über den Kuchen müssen wir ausführlicher sprechen, denn der ist tatsächlich etwas Besonderes. Inhaberin Anna Hain und ihr Team backen ihn jeden Tag frisch und zwar vor Ort in einer offenen Küche, sodass es im Café Glück oft nach Frischgebackenem duftet und man sich ein bisschen wie in Mamas Wohnzimmer fühlt. In der Kuchenvitrine findet sich, was alle gerne mögen: Klassiker vom Blech wie Schokokuchen und Kirschstreusel, Käsekuchen „besser als von Oma" oder vegane Linzer Schnitte. Auf Platz zwei der Beliebtheitsskala im Café Glück kommt nach dem Kuchen das Frühstück. Unter Namen wie „Glücksfall" oder „Hans im Glück" werden Leckereien wie hausgemachte Marmeladen, Bioeier oder regionaler Käse arrangiert. Anna achtet sehr darauf, wo sie ihre Produkte einkauft, und arbeitet eng mit lokalen Erzeugerinnen und Erzeugern zusammen. Außerdem fördert sie mehrere Hilfsprojekte: Wer Kakao bestellt, spendet an ein Schimpansen-Schutzprojekt, wer Wasser wählt, unterstützt mit Viva con Agua die Welthungerhilfe. Glück verdoppelt sich eben, wenn man es teilt!

● Café Glück, Friedrichstraße 20, 36037 Fulda, Tel. (06 61) 58 00 71 81
www.cafe-glueck-fulda.de
● ÖPNV: alle Stadtbusse, Haltestelle Stadtschloss

# Kleine Bühne ganz groß

## Theater mittendrin in der Lindenstraße

Ein eigenes freies Theater gründen – diesen Lebenstraum haben sich die Schauspielerin Barbara Gottwald und der Musiker Christoph Gottwald 2011 erfüllt. Ihr Kinder- und Jugendtheater mittendrin in der Lindenstraße ist die wahrscheinlich kleinste Bühne Fuldas und zugleich eine große Bereicherung für die lokale Kulturszene. Das Paar präsentiert Theater- und Musikstücke für Kinder, Jugendliche und Erwachsene vom Märchen bis zum Musikkabarett. Auf dem Spielplan finden sich Klassiker wie „Don Quichotte" oder „Sterntaler" und unbekanntere Geschichten, wie das musikalische Abenteuer um das neugierige Schaf Lotta. Immer wieder entstehen auch Stücke mit Kulturpartnern wie dem Freien Theater Fulda, dem Kabarettisten Wolf Mihm oder dem englischen Theater Common Players.

Weil der Spielraum in der Lindenstraße lediglich 33 Quadratmeter groß ist, sitzen die Zuschauerinnen und Zuschauer ganz nah dran am Bühnengeschehen und können die Akteure unmittelbar erleben. Ein bisschen wie in einem muckeligen Wohnzimmer. Das Ensemble packt aber auch immer wieder seine Kostüme und Requisiten zusammen und tritt in Schulen und Kitas, bei Festivals oder anderen Kulturstätten auf. Seit ein paar Jahren hat das mittendrin sogar eine eigene mobile Bühne, die an jedem beliebigen Platz aufgebaut werden kann.

Barbara und Christoph Gottwald machen aber nicht nur Theater für Menschen, sondern auch mit den Menschen: Neben mehrtägigen Theaterworkshops bieten sie feste Theatergruppen wie den Theater-KinderClub oder die Dienstagsspieler an, bei denen sie über Monate hinweg Stücke mit Laien erarbeiten und ihnen erste Spielerfahrungen ermöglichen. Lampenfieber, Texthänger, Bühneneuphorie und tosender Applaus inklusive.

Doch egal, wer auf der Bühne steht: Die direkte und interaktive Begegnung zwischen den Zuschauenden und den Darstellenden macht das mittendrin zu etwas ganz Besonderem – einem kleinen Theater mit großem Herz.

- Theater mittendrin, Lindenstraße 35, 36037 Fulda, Tel. (06 61) 29 19 57 37, www.theater-mittendrin.de
- ÖPNV: Bus 1 (Petersberg Konrad-Adenauer-Schule), Haltestelle Fulda Marienschule

# Ein Meisterwerk

## Dom St. Salvator zu Fulda

Wenn die Fuldaerinnen und Fuldaer bei einer Zugfahrt den Dom nicht mehr sehen, fühlen sie sich gleich fern der Heimat und packen den lecker befüllten „Fuldaer Rucksack" aus. Der Dom St. Salvator ist ohne Frage der geografische Dreh- und Angelpunkt der Stadt und ihr wichtigstes Wahrzeichen.

Das Gesamtkunstwerk aus Malerei, Skulptur und Architektur wurde zwischen 1704 und 1712 durch Baumeister Johann Dientzenhofer erbaut und gilt als bedeutendste Barockkirche Hessens. An gleicher Stelle standen bereits zwei wichtige Vorgängerkirchen: die Ratgarbasilika, die bis ins 11. Jahrhundert der größte Kirchenbau nördlich der Alpen war. Und die Abteikirche des 744 im Auftrag des Heiligen Bonifatius gegründeten Klosters Fulda, einem der führenden kulturellen Zentren des frühen Mittelalters. Bis heute liegt Bonifatius in der Krypta des Doms begraben.

### TIPP
Im Sommer und Advent ist jeden Samstag von 12.05 bis 12.35 Uhr eine Orgelmatinee.

Dientzenhofer ließ den dreischiffigen Dom im Stil des leichten italienischen Barocks errichten und integrierte Elemente des Vorgängerbaus, wie die beiden hohen Türme. Ein echter Hingucker ist die gigantische Kuppel im Mittelpunkt des Gebäudes – besonders von innen. Der Blick in das hohe Gewölbe mit seinen Fresken und Fensterchen ist bei Sonnenschein magisch.

Überhaupt fühlt man sich im Dom ein wenig wie im römischen Petersdom: Der Innenraum ist schlicht gehalten, Wände und Decke strahlen in weißer Farbe und Zierelemente sind sparsam eingesetzt. Interessant ist die Schwurplatte im Boden vor dem Hochaltar, wo vier goldene Schwurhände in alle vier Himmelsrichtungen zeigen. An dieser Stelle, wo sich Querschiff und Langschiff des Doms kreuzen, sollen die Vasallen des Fürstabtes ihren Treueeid abgelegt haben.

Nach der Besichtigung sollte man sich auf dem Domplatz kurz Zeit nehmen für eine Installation des renommierten Fuldaer Künstlers und Biennale-Preisträgers Franz Erhard Walther, die links Richtung Michaelskirche steht. Der Sandsteinblock mit 911 Goldplättchen ist König Konrad gewidmet, der wie Bonifatius in Fulda begraben werden wollte.

- Hoher Dom zu Fulda, St. Salvator, Domplatz 1, 36037 Fulda, www.bistum-fulda.de
- ÖPNV: Bus 2 (Fulda Pozzistraße), Haltestelle Fulda Dom

# Licht aus, Sterne an!

## Fulda – erste Sternenstadt Deutschlands

Sich zurücklehnen und Sterne gucken – das geht am besten auf dem Land. Doch auch Städte können viel dafür tun, dass man von dort die Sterne am Nachthimmel sehen kann. Seit vielen Jahren setzt sich Fulda für den Schutz des natürlichen Nachthimmels ein und trägt seit 2019 sogar den Titel „Sternenstadt" der International Dark-Sky Association – als erste Stadt Deutschlands und zweitgrößte Stadt der Welt.

Das funkelnde Siegel ist mit ganz konkreten Maßnahmen für eine sinnvolle und verantwortungsvolle Außenbeleuchtung verbunden. Das bedeutet aber nicht, dass es nun stockdunkel wird auf Fuldas Straßen: Unter dem Motto „Licht gehört auf Gehweg und Straße – und nicht in den Himmel" wird die Beleuchtung von Straßen, Wegen und Plätzen clever optimiert. In wenigen Jahren etwa baut die Stadt all ihre 8500 Straßenleuchten nachtfreundlich um – und nutzt dabei zum Beispiel Leuchten mit warmen Lichtfarben und nächtlicher Dimmung. Denn öffentliches Licht soll nur so hell eingeschaltet sein, wie es tatsächlich gebraucht wird. Sehenswürdigkeiten wie der Dom oder die Stadtpfarrkirche werden so angestrahlt, dass ausschließlich die Gebäudefassade erhellt ist und kein Streulicht abstrahlt. Auch Unternehmen, den Handel und Privatpersonen möchten die Projektpartner inspirieren, ihre Beleuchtung zu überdenken.

Und was soll das Ganze? Natürlich freut sich vor allem der Mensch, wenn die Sterne wieder deutlicher zu sehen sind und manch einer vielleicht wieder besser schlafen kann. Doch der Stadt Fulda geht es gezielt auch um den Klima- und Naturschutz. Denn intelligentes Licht spart jede Menge Energie und schützt nachtaktive Tiere wie Insekten, Igel oder Fledermäuse. Und auch für tagaktive Tiere bietet die Dunkelheit wichtige Ruheräume zur Erholung.

Erleben können Gäste die Sternenstadt Fulda zum Beispiel im Planetarium des Vonderau Museums, bei der Stadtführung „Sonne, Mond und Sterne" im Rahmen der „Geführte Heimatliebe"-Touren oder mit der Luna-App, einer Smartphone-Rallye für Kinder.

● Sternenstadt Fulda, www.sternenstadt-fulda.de

# Stehen oder gehen

## Bonifatius-Ampelmännchen in der City

Bei Rot zeigt er sein Kreuz wie ein Stoppzeichen. Bei Grün läuft er mit seinem Bischofsstab in der Hand los: Seit ein paar Jahren weist der Heilige Bonifatius in Fulda Fußgängern den Weg über die Straße. Zum 1275. Jubiläum hat die Bischofsstadt sich selbst Ampeln in Gestalt ihres wichtigsten Heiligen geschenkt und mehrere Lichtanlagen entsprechend ummontieren lassen.

Die Ampeln stehen an markanten Plätzen in der Innenstadt – zum Beispiel direkt am Dom, am Stadtschloss oder am Abtstor. Aber auch an ganz normalen Straßenkreuzungen sind sie zu finden. Wer mit offenen Augen durch die Stadt streift, wird sie immer wieder entdecken.

Natürlich sind die Ampelschablonen offiziell zugelassen und Teil der Straßenverkehrsordnung geworden, was wohl ein ziemlich kompliziertes Unterfangen war. Doch der Aufwand hat sich gelohnt – denn es macht immer wieder gute Laune, den originellen Ampelmännchen zu begegnen! Der ungewöhnliche Anblick lässt aufmerken und ist eine kleine Unterbrechung im Alltag. Außerdem ist die Bonifatius-Ampel eine deutschlandweite Besonderheit und kann nur in Fulda bestaunt werden. Das macht schon ein bisschen stolz.

Zugleich erinnern die Ampeln daran, dass es Fulda ohne Bonifatius gar nicht gegeben hätte: Der „Apostel der Deutschen" hatte im Jahr 744 den Auftrag für die Gründung des Klosters Fulda gegeben und damit den Grundstein gelegt für die Erschließung der ganzen Region. Und so trifft man den Heiligen in Fulda auf Schritt und Tritt. Und das nicht nur an Ampeln: Im großen Dom ist Bonifatius begraben, das 4 Meter hohe Bonifatius-Denkmal gegenüber vom Stadtschloss ist eines der wichtigsten Wahrzeichen der Stadt und auch Schulen, Straßen und sogar Eisdielen sind nach dem Missionar benannt.

..................................................................................................

● Bonifatius-Ampelmännchen u.a. an den Kreuzungen Abtstor/Wilhelmstraße, Pauluspromenade/Johannes-Dyba-Allee, Friedrichstraße/Schlossstraße oder am Paulustor, 36037 Fulda

# Frittenliebe

## antons meet & eat neben dem Gemüsemarkt

Das Glück ist ja eine höchst persönliche Angelegenheit – vor allem in kulinarischer Hinsicht. Aber dass eine Portion Pommes rundum glücklich macht, ist doch irgendwie unbestreitbar. Die besten Fritten der Stadt gibt es, und auch darüber muss in Fulda kaum jemand diskutieren, im antons. Das Bistro in der Innenstadt macht die Kartoffelstäbchen selbst und serviert sie mit ausgefallenen Toppings, zum Beispiel mit Chili-Cheese, Pilzrahm oder Asiagemüse. Auch Ofenkartoffeln, Burger und Frühstück stehen auf der Speisekarte. So weit, so lecker.

Das wirklich Besondere am antons aber ist das Konzept. Dazu gehört zum einen das Ambiente: Viel Holz, modernes Schwarz-Weiß und warmes Licht erzeugen ein echtes Wohlfühlflair. Hier kann man gemütlich entschleunigen, Freunde treffen oder im Co-Working-Bereich sogar arbeiten. Eine weitere Besonderheit ist das Team. Denn das antons ist ein Inklusionsprojekt, in dem junge Menschen mit Behinderungen arbeiten und alle Aufgaben – vom Kochen über das Bedienen bis hin zum Abrechnen – selbst übernehmen. Jeder macht das, was ihm am meisten liegt, und trägt mit seinen Stärken zum Gelingen des Betriebes bei.

Die Gäste genießen das offene, herzliche und vor allem authentische Miteinander im antons. Viele kommen immer wieder vorbei, zum Beispiel zu Kaffee und etwas Süßem, in der Mittagspause oder auch zu den vielen Events. Regelmäßig gibt es Konzerte oder das berüchtigte Kneipenquiz. Leicht kommt man mit den Mitarbeitenden ins Gespräch und so entstehen ganz ungezwungene Begegnungen von Menschen mit und ohne Behinderungen.

Entstanden ist das antons übrigens aus einer Wette heraus: 2015 hat die Stadt Fulda 131 Beispiele für eine gelungene Inklusion zusammengetragen und damit nicht nur die „Stadtwette" gewonnen, sondern Fulda auch offiziell zur „inklusivsten Stadt Deutschlands" gemacht. Lediglich ein cooles, citynahes Angebot für junge Menschen fehlte auf der Liste, sodass die Idee zum antons geboren war. Ein echter Glücksgriff für Fulda!

### TIPP
Samstags und mittwochs serviert das antons Marktfrühstück mit Produkten vom Wochenmarkt um die Ecke.

- antons meet and eat, Robert-Kircher-Straße 6, 36037 Fulda, Tel. (06 61) 48 04 47 97, www.antons-fulda.de
- ÖPNV: Bus 3 (Maberzell, Bimbach), Haltestelle Robert-Kircher-Straße

# Fuldas sieben Hügel

 Der Schulzenberg bei Haimbach

Es heißt, Fulda wurde – wie auch Rom – auf sieben Hügeln erbaut. Die kleineren und größeren Berge liegen rund um das heutige Zentrum und bieten herrliche Ausblicke auf die Stadt, das grüne Umland und die Rhön. Zu den sieben Hügeln zählen Johannesberg, Neuenberg, Petersberg, der Michaelsberg, Frauenberg, Florenberg und Schulzenberg. Sie alle sind besondere Kraftorte, die die Menschen seit jeher anziehen, inspirieren und Ruhe finden lassen. Kein Wunder, dass auf jedem Hügel eine Kirche oder Kapelle errichtet wurde.

Eine ganz besondere Perspektive eröffnet der Schulzenberg im Fuldaer Westen. Am Ortsende von Haimbach erhebt sich ein kalkhaltiger Höhenzug bis auf 371 Meter, von wo aus man weit über das Fuldaer Becken, das Lüdertal und bis in die Rhön blickt. Mitten auf dem markanten Gipfel steht die Herz-Jesu-Kapelle, ein echtes Schmuckstück: Der Andachtsraum ist dezent und hell gestaltet, der Kirchturm ragt filigran in den Himmel und der Ostgiebel ist portalartig verglast, sodass er bei Wallfahrten und Gottesdiensten weit geöffnet werden kann.

Früher galt der Schulzenberg als *das* Wahrzeichen Fuldas, denn er war mit dem kleinen Gotteshaus und der einzigen Linde daneben weithin sichtbar. Heute wachsen viele Bäume auf der Kuppe und nur der Kirchturm mit seinem goldenen Kreuz ragt heraus. Rund um die Wallfahrtskapelle erstreckt sich ein Kalkmagerrasen, auf dem seltene Tiere leben und Blumen blühen wie wilde Orchideen, Enzian oder Adonisröschen. Naturschützer haben 400 verschiedene und zum Teil bedrohte Pflanzen gezählt.

Besonders bezaubernd ist der Schulzenberg am frühen Morgen, wenn der Nebel sich lichtet, die Sonne die Kapelle hell erstrahlen lässt und sich die Panoramasicht langsam öffnet. Was für eine friedliche Stimmung! Später am Tag picknicken hier junge Paare, spielen Kinder der nahen Kita und kommen Gläubige zum Gebet. Wo es so schön ist, führen natürlich Wanderwege vorbei – eine Einladung, das Naherholungsgebiet und den angrenzenden Wald noch intensiver zu erkunden.

- Schulzenberg, Wanderparkplatz am Schulzenberg, 36041 Fulda-Haimbach
- ÖPNV: Bus 4 (Rodges IP-West), Haltestelle Haimbach Sportplatz plus 8 Minuten Fußweg

# Gänsehautfeeling

 Der Domvorplatz als Konzertbühne

Der Fuldaer Dom ist nicht nur ein imposantes Monument und die bedeutendste Barockkirche Hessens, sondern seit mehr als 25 Jahren auch eine Kulisse für gefeierte Open-Air-Konzerte. Der halbrunde Domvorplatz – eingebettet zwischen der mittelalterlichen Michaelskirche, dem Stadtschloss und dem Schlossgarten – ist wie geschaffen für den Auftritt großer Künstlerinnen und Künstler. Das großzügige Gelände bietet Platz für rund 10.000 Fans und steigt nach hinten leicht an, sodass man auch von den oberen Rängen eine fantastische Sicht auf die Bühne und die barocke Prachtkulisse hat. Spätestens wenn die Sonne neben dem Dom untergeht und sich der Nachthimmel der „Sternenstadt" ausbreitet, kommt Gänsehautstimmung auf.

Sommer um Sommer gastieren nationale und internationale Stars diverser Musikgenres in Fulda, um bei den Domplatzkonzerten zu spielen. Mit dabei waren schon Legenden wie Montserrat Caballé, José Carreras, Joe Cocker oder Elton John, nationale Stars wie Die Fantastischen Vier und Sarah Connor sowie Pop- und Rockgrößen wie Sting, Deep Purple oder die Scorpions. Das Unternehmen Provinztour, das die Konzerte in Kooperation mit der Stadt Fulda veranstaltet, achtet stets auf eine ausgewogene Mischung aus verschiedenen Musikstilen für unterschiedliche Zielgruppen – von Klassik über Schlager bis Pop. Ein Wiederholungstäter ist Chris de Burgh, der schon mehrere Male hier aufgetreten ist und sich – wie er in Interviews gerne erzählt – dadurch ein bisschen in Fulda verliebt habe.

Übrigens: Jedes Jahr gibt es nur eine Handvoll Konzerte, die immer schnell ausgebucht sind. Man sollte sich sein Ticket also rechtzeitig im Vorjahr reservieren. Wer dafür zu spät dran ist, kann den Konzerten auch aus der Ferne lauschen. Zwar ist die Gegend um den Domplatz während der Veranstaltungen für Fahrzeuge und Fußgänger gesperrt. Doch je nach Wind hört man die Musik auch im nahen Schlossgarten. Also: Picknickdecke schnappen, Sekt köpfen und Fulda für sein reiches Kulturangebot feiern.

- Domvorplatz, St. Salvator, Domplatz 1, 36037 Fulda, www.fulda.de
- ÖPNV: Bus 2 (Fulda Pozzistraße), Haltestelle Fulda Dom

# Gartenglück auf Zeit

Der Tegut-Saisongarten am Eisweiher

Ob Möhren, Bohnen oder Pastinaken: Biogemüse selbst anbauen und ernten können Fuldaerinnen und Fuldaer auch ohne eigenen Garten. Das Unternehmen Tegut bietet einen sogenannten Saisongarten an. Das Prinzip des Urban-Gardening-Projekts ist so einfach wie genial: Ein Biobauer bestellt im Frühling einen großen Acker mit mehr als 20 verschiedenen Gemüsesorten, Kräutern und essbaren Blumen. Die Saat- und Pflanzreihen werden anschließend quer abgeteilt, sodass verschieden große, aber gleich bestückte Parzellen entstehen. Diese verpachtet Tegut dann für eine Saison an Gartenfans zur Pflege und Ernte. Die Pächterinnen und Pächter bekommen also einen eigenen Minigarten, für den sie von März bis Oktober verantwortlich sind. Weil sich das Projekt gezielt auch an Gartenanfänger richtet, gibt es regelmäßige Gartensprechstunden sowie einen Newsletter. So weiß jeder, was wann zu tun ist. Außerdem ist Projektleiterin Stefanie Krecek viel vor Ort und beantwortet mit Engelsgeduld Fragen oder werkelt in ihrer „Musterparzelle". Auch Gartengeräte und Gießwasser, Stühle, Tische und ein Grill stehen bereit.

Das Publikum im Saisongarten ist – und auch das ist eine Besonderheit – bunt gemischt. Hier kommen die unterschiedlichsten Menschen zusammen: Studierende, junge Familien, Singles und ältere Paare, aber auch WGs, Kollegenteams oder Vereine, die sich eine Parzelle teilen. Schulen und Kitas können reduzierte Beete mit pflegeleichten Sorten wie Kartoffeln, Kürbis oder Zwiebeln mieten.

An lauen Sommerabenden ist es im Saisongarten besonders schön. Wenn viele zum Gießen, Hacken oder Salatholen vorbeikommen, Kinder zwischen den Reihen herumflitzen und es nach warmer Erde und Frischgeerntetem duftet. Dann wird auch mal ein Bier zusammen getrunken, Gemüse eingetauscht oder Gartenwissen geteilt. Vielleicht ist diese Stimmung ein Grund dafür, dass sich die allermeisten gleich im Herbst wieder fürs kommende Jahr anmelden. Zusammen gärtnern macht einfach glücklich!

- Tegut-Saisongarten, Mackenrodtstraße (gegenüber Hausnummer 25), 36039 Fulda, www.tegut.com/saisongarten
- ÖPNV: Bus 1 (Aschenberg Ost), Haltestelle Mackenrodtstraße

# Kribbeln im Bauch

## Das Heckenlabyrinth im Schlossgarten

Groß ist der Schlossgarten von Fulda. Und in jeder Ecke gibt es etwas anderes zu entdecken. Der vordere, Richtung Dom ausgerichtete Teil ist geprägt von der Orangerie, dem Stadtschloss und einem Springbrunnen als Verbindung zwischen den beiden Prachtbauten. Den Mittelteil dominieren üppige Blumenbeete und weite Rasenflächen sowie ein großer Teich, wo man entspannt sitzen und Fische beobachten kann. Der hintere Bereich vom Schlossgarten hingegen ist fest in Familienhand: Hier – nahe der schützenden Außenmauer Richtung Kurfürstenstraße – gibt es eine Minigolfanlage und einen Spielplatz, der unter hohen Bäumen liegt und mit einer Röhrenrutsche, Balancierstämmen und Wasserspielgeräten super ausgestattet ist.

Das Beste aber ist das Heckenlabyrinth, das etwas unterhalb vom Spielplatz liegt. Der Irrgarten besteht aus mannshohen Buchenhecken, die vor allem in den warmen Monaten dicht bewachsen sind. So hat man tatsächlich das Gefühl, sich jeden Moment in den Drehungen und Windungen der Büsche verlaufen zu können. Groß und Klein können dort wunderbar Fangen oder Verstecken spielen und nach Herzenslust herumtoben.

> **TIPP**
> In Fulda gibt es auch zwei Trampolinhallen – in Marbach und in Künzell.

Wie es sich gehört, hat das Labyrinth ein besonderes Zentrum – und zwar vier in den Boden eingelassene Trampoline. Die überraschenden Springgelegenheiten sorgen nicht nur bei Kindern für ein aufregendes Kribbeln im Bauch, sondern üben auch auf Erwachsene eine unwiderstehliche Anziehung aus. Man muss bei all den begeisterten Kleinen nur aufpassen, auch mal an die Reihe zu kommen. Besondere Herausforderung für Springerinnen und Springer jeden Alters: von Trampolin zu Trampolin hüpfen, ohne den Boden dazwischen zu berühren. Das geht in die Beine – macht aber einfach einen Riesenspaß. Fertig gehüpft ist die nächste Aufgabe, den Ausgang des Labyrinths wiederzufinden und dabei der Versuchung zu widerstehen, zwischendurch hochzuspringen und über die Hecken zu spicken. Manche Dinge im Leben funktionieren eben nur, wenn man sich voll und ganz darauf einlässt.

- Labyrinth im Schlossgarten, Heinrich-von-Bibra-Platz 5, 36037 Fulda www.tourismus-fulda.de
- ÖPNV: Bus 6 (Steinhaus Brücke), Haltestelle Fulda Kurfürstenstraße

# Fast wie im Auenland

## Waldorfsiedlung Loheland in Künzell

In Dirlos – zwischen Fulda und den Vorläufern der Rhön, eingebettet in einen urwüchsigen Wald mit Blick auf die Hügelketten des Biosphärenreservats – liegt ein ganz besonderes Fleckchen Erde: Loheland. Die anthroposophische Siedlung ist rund 100 Jahre alt und wurde im Zuge der Reformpädagogik als „exemplarisches Frauenprojekt der Moderne" gegründet. Konkret hieß das: Es entstand eine Bildungsstätte für junge Frauen, die Loheland-Schule für Körperbildung, Landbau und Handwerk mit Gebäuden für Schüler und Lehrer, Werkstätten und Unterrichtshäusern. Hier wurde die berühmte „Loheland-Gymnastik" entwickelt und schon 1927 eine biodynamische Landwirtschaft eingeführt. Heute gehören zu Loheland neben der Landwirtschaft und der Waldorfschule auch ein Tagungshotel, ein Kindergarten, eine Berufsfachschule für Sozialassistenz, eine Tischlerei sowie ein Laden mit Café. Insgesamt sind rund 40 Gebäude über das waldige Gelände verstreut. Ihre zum Teil märchenhafte Architektur ist Ausdruck der Philosophie des Ortes: Kein Haus gleicht dem anderen. Naturmaterialien herrschen vor. Hohe Dächer, organische Formen und sanfte Farben schaffen Wohlfühlräume und eine beschützte Atmosphäre. Das Gesamtensemble ist denkmalgeschützt und wird liebevoll bewahrt. Rund 70 Menschen leben in einer sozialen Gemeinschaft.

Erleben können Gäste den Loheland-Spirit bei einem Spaziergang oder einer kulturhistorischen Führung durch das Areal oder – fast noch besser – im Loheland-Lädchen, wo eigene Erzeugnisse wie Obst und Gemüse, Fleisch, Chutneys, Tee und Schreinereiwaren oder handgezogene Kerzen angeboten werden. Im zuckersüßen angrenzenden Biocafé mit Terrasse werden hausgemachte Kuchen oder herzhafte Snacks serviert inklusive Blick auf das grüne Umland. Direkt hinter dem Laden stehen Esel und freuen sich über etwas Aufmerksamkeit. Regelmäßig gibt es in Loheland Veranstaltungen wie Konzerte, Handwerkermärkte oder den jährlichen Martinsbasar, zu denen die ganze Loheland-Gemeinschaft zusammenkommt.

### TIPP
Interessierte können Loheland mit dem Audioguide erkunden (ausleihbar für 3 Euro im Loheland-Café).

----

● Waldorfsiedlung Loheland, Loheland 1, 36093 Künzell-Dirlos, Tel. (06 61) 39 20
www.loheland.de
● ÖPNV: Bus 35 (Wasserkuppe-Poppenhausen-Weyhers), Haltestelle Loheland Abzweig

# Kunst aus Körnern

## Früchteteppich in der Alten Kirche Sargenzell

Eigentlich sollte die Alte Kirche in Sargenzell abgerissen werden. Denn das Hünfelder Dörfchen hatte 1984 ein neues Gotteshaus bekommen. Doch die Bürgerinnen und Bürger hingen an ihrer alten Kirche. Und so setzte sich die Dorfgemeinschaft hartnäckig dafür ein, die Alte Kirche zu bewahren und mit Leben zu erfüllen. Um Spenden für die Restaurierung zu sammeln, entstand ein einmaliges Projekt, das auch Jahrzehnte später noch lebendig ist und jedes Jahr Zehntausende Besucher aus ganz Deutschland anlockt: der Sargenzeller Früchteteppich.

Dabei gestalten die Frauen des Dorfes Jahr für Jahr aus Samen, Körnern, Kernen, Gewürzen, Blüten und Blättern ein 4,5 mal 6 Meter großes Gemälde, das stets ein anderes biblisches Motiv zeigt und fast den gesamten Boden der Alten Kirche einnimmt. Wochenlang treffen sich die Ehrenamtlichen jeden Abend, um am Früchteteppich zu arbeiten. Eine körperlich anstrengende, aber auch meditative Geduldsarbeit, die durch das Gemeinschaftsgefühl der Gruppe getragen wird. Zuerst überträgt eine Künstlerin das Motiv mit Bleistift und Farbe auf Spanplatten. Anschließend werden die Konturen mit Körnern geklebt, die Flächen mit lose gestreuten Samen, Blüten und Blättern aufgefüllt und mit dunkleren Materialien schattiert.

Pünktlich zur Erntedankzeit ist das Mammutwerk, das sogar im Guinnessbuch der Rekorde steht, fertig und darf zwei Monate lang besichtigt werden. Von der Empore des mittlerweile hübsch restaurierten Gebäudes aus kann man das Gesamtprojekt gut erfassen. Unten im Gebetsraum dürfen Besucher direkt bis zum Bildrand gehen und das Zusammenspiel der einzelnen Körner und Blüten von Nahem bestaunen. Einfach unglaublich, mit welcher Sorgfalt das Bild erstellt wurde und wie lebendig es wirkt! Nach der Ausstellungszeit lösen die Beteiligten das Gemälde wieder auf und sortieren die rund 70 verschiedenen Fruchtarten in einzelne Gläser zurück. Damit im nächsten Jahr ein neuer Früchteteppich entstehen und die Besucher wieder begeistern kann.

> **TIPP**
> Gegen eine kleine Spende können Gäste an der Verlosung des vorgemalten Gemäldes teilnehmen.

- Früchteteppich Sargenzell, Alte Kirche, Salugoweg 1, 36088 Hünfeld
- ÖPNV: Bus 73 ab Bahnhof Hünfeld (Michelsrombach Schule), Haltestelle Sargenzell Ortsmitte

# Inklusives Kinderparadies

## Der Familienbiergarten Theresienhof

Leckeres Essen, idyllische Sitzplätze unter hohen Bäumen und tolle Spielmöglichkeiten für Kinder: Für viele Fuldaer Familien ist der Theresienhof zwischen Fulda und Maberzell der absolute Lieblingsbiergarten. Nur wenige Minuten vom Zentrum entfernt, sitzt man mitten im Grünen und fühlt sich direkt nach dem Ankommen schon ein bisschen wie im Urlaub.

Der hintere Teil des Areals ist ein echtes Kinderparadies: Hier gibt es einen großen Sandspielbereich, einen Spielturm zum Rutschen und Klettern sowie Hecken zum Verstecken. Überall liegen Fahrzeuge und Sandspielsachen herum, die nach Herzenslust benutzt werden dürfen. Kinder lieben auch die angrenzende Wiese, wo Ziegen, Schafe und Kühe weiden und gerne gefüttert werden. Eltern und Großeltern können sich für einen Tisch direkt am Spielbereich entscheiden und entspannt Kaffee trinken oder zu Abend essen.

Aber auch ohne Kinder gilt der Theresienhof als einer der schönsten Biergärten der Region. Radfahrer und Ausflügler nutzen gerne den vorderen Bereich, wo es ruhiger zugeht und man im Schatten von Kastanien und Obstbäumen oder in gemütlichen Lauben sitzt. Serviert wird frisch gezapftes Bier aus der Region wie Pilgerstoff oder Kreuzbergbier. Bekannt ist der Theresienhof für seine großen Salatteller, die frittierten Biokartoffeln mit Kräuterschmand und das gegrillte Biofleisch. Mitten im Geschehen steht eine kleine Holzhütte, in der das Team frischen Elsässer Flammkuchen in verschiedenen Variationen backt. Einfach köstlich!

Der Theresienhof gehört zur gemeinnützigen Gesellschaft Perspektiva. Hier bekommen benachteiligte Jugendliche die Chance, Berufserfahrungen für einen festen Arbeitsplatz auf dem ersten Arbeitsmarkt zu sammeln. Die Jugendlichen sollen sich ausprobieren und werden bei allen Arbeiten im Biergarten miteinbezogen. Ein tolles Projekt, das Gäste mit einem Besuch im Theresienhof direkt unterstützen.

- Familienbiergarten Theresienhof, Maberzeller Straße 75, 36041 Fulda, Tel. (0 15 11) 5 57 81 61
- ÖPNV: Bus 3 (Maberzell/Bimbach), Haltestelle Theresienheim

# Besinnlicher Budenzauber

## Auf dem Weihnachtsmarkt in der Innenstadt

Wenn von Ende November bis kurz vor Heiligabend der Fuldaer Weihnachtsmarkt geöffnet hat, ergießt sich ein Lichtermeer von der Rabanusstraße bis zum Buttermarkt und zur Friedrichstraße. Die gesamte Innenstadt ist ein Weihnachtstraum aus geschmückten Hüttchen, winterlichen Attraktionen und Glühweinduft. Aufgeteilt in sechs verschiedene Areale hat der Budenzauber für jeden Geschmack etwas zu bieten: Klassische Stände von Bratwurst über Schmuck bis Zuckerwatte erwartet die Besucherinnen und Besucher beim sogenannten „Hüttenzauber" in der Friedrichstraße oder beim „Traditionellen Weihnachtsmarkt" auf dem Universitätsplatz. Hier steht auch die imposanteste Glühweinbude der Stadt – eine 18 Meter hohe Pyramide mit Nussknackern und Beleuchtung. Einfach Glühwein schnappen, in den ersten Stock emporsteigen und das Gewimmel unten genießen. Wenige Schritte weiter verwandelt sich der Museumshof in ein „Mittelalterliches Weihnachtsdorf" mit Feuerstellen, Handwerksständen, Gauklern und Dudelsackspielern. Gegen ein paar Taler können Gäste rustikale Köstlichkeiten wie Met oder überbackene Brotfladen erwerben. Ein besonders idyllisches Plätzchen – vor allem nach dem Trubel im „Kinderweihnachtsland" – ist der „Winterwald" am Unterm-Heilig-Kreuz-Platz. Dutzende meterhohe Fichten und kleine Holzbuden schaffen eine stilvolle Umgebung, wo man ganz in Ruhe etwas Heißes trinken und eine Leckerei wie Flammlachs oder heißen Feta genießen kann. Mit etwas Glück kommt eine Begegnung mit dem Holzkünstler zustande, der live vor Ort Krippenfiguren und Wichtelzwerge in Lebensgröße schnitzt und sägt. Ebenso lecker – nur noch ein bisschen lokaler – geht es auf dem „Regio'Markt" am Buttermarkt zu: Handwerker, Erzeuger und Manufakturen aus der Region präsentieren dort ihre Produkte und laden zum Probieren, Entdecken und Erleben ein. Erstaunlich, wie sich der Fuldaer Weihnachtsmarkt Jahr für Jahr neu erfindet und zugleich lang bewährte Traditionen lebendig hält!

**TIPP**
Während des Weihnachtsmarktes gibt es mehrmals täglich Führungen durch das weihnachtliche Fulda.

- Weihnachtsmarkt Fulda, www.weihnachten-fulda.de
- ÖPNV: alle Stadtbusse, Haltestelle Stadtschloss

# Fulda im Miniaturformat

## Zwei Bronzemodelle in der Stadt

„Wir stehen hier, dort ist der Dom und das da muss das Stadtschloss sein!" Staunend und mit sichtlicher Freude am Entdecken und Wiedererkennen betrachten Einheimische oder Touristinnen und Touristen das Bronzemodell am Bonifatiusplatz. Das Kunstwerk zeigt die Gebäude, Straßen, Plätze und sogar Bäume der Innenstadt als Bronzefiguren im Maßstab 1:500 und lädt dazu ein, Fulda auf völlig neue Weise zu erkunden.

Die Vogelperspektive gibt einen einmaligen Überblick über die Stadtmitte und hilft bei der Orientierung. Viele Stadtführungen starten direkt am bronzenen Stadtmodell, um den Teilnehmenden einen ersten Eindruck von der Stadt und der Route der Tour zu ermöglichen. Zugleich ist es ausdrücklich erlaubt, die Skulptur anzufassen. Denn es handelt sich ganz offiziell um ein Tastmodell für Blinde und Menschen mit Sehbehinderung, das auch Informationen in Brailleschrift bereithält. Es macht Spaß, mit den Fingern über das kühle Metall zu fahren, die Hände auf die Häuser zu legen und auch die Punktschrift zu ertasten. Prägnanten Stationen wie Dom, Stadtpfarrkirche oder Bonifatiusdenkmal sieht man an, dass schon viele Hände sie berührt haben – da kann niemand widerstehen.

> **TIPP**
> Stadtführungen bietet die Tourist-Information direkt nebenan.
> www.tourismus-fulda.de/fuehrungen

Neben dem Bronzemodell am Bonifatiusplatz, das das aktuelle Stadtbild Fuldas zeigt, gibt es ein zweites Bronzemodell. Dieses steht am oberen Ende des Universitätsplatzes und macht sichtbar, wie Fulda im frühen 18. Jahrhundert ausgesehen hat. Genauer: Das Stadtmodell im Maßstab 1:1000 zeigt die historische Innenstadt zu Zeiten des fürstlichen Baumeisters Andrea Gallasini. Vorlage war ein Plan von 1727, den der Landmesser Aloys Jestaedt für Steuerangelegenheiten erstellt hat und der daher sehr genau ist. Besser als jedes Geschichtsbuch zeigt das Modell, wo früher die Stadtmauer entlanglief oder welche Gebäude schon damals das Stadtbild prägten. Anlass für das zweite Miniatur-Fulda zum Anfassen war das 1275. Jubiläum der Stadt, das Fulda 2019 ausgiebig gefeiert hat.

..........................................................................................
● Bronzemodell am Bonifatiusplatz, 36037 Fulda (am östlichen Ende des Platzes, Ecke Pauluspromenade, Schlossstraße, Friedrichstraße)
Bronzemodell am Universitätsplatz, 36037 Fulda
● ÖPNV: alle Stadtbusse, Haltestelle Stadtschloss

# Mitten im Wald

## Naturspielplatz am Gerloser Häuschen

Nach Herzenslust toben, klettern, rutschen, schaukeln, rennen – und zwar ohne irgendjemanden zu stören: Dafür ist der Naturspielplatz am Gerloser Häuschen ein perfektes Plätzchen. Der Spielplatz liegt auf einer großen Lichtung mitten im Niesiger Wald und wurde unter dem Motto „Zauberwald" erbaut. Er besteht aus einem rundlaufenden Kletterparcours mit Spinnennetzen, zwei Klettertürmen und Balancierstangen sowie Schaukeln und einer Rutsche – da klettern die größeren Geschwister und Eltern ebenfalls gerne mit. Die gesamte Grundfläche des Spielplatzes ist mit Sand ausgestattet, sodass auch kleinere Kinder ihre Freude haben und entspannt im Sand spielen können. Und natürlich laden die Wiesen und der umgebende Wald dazu ein, entdeckt und bespielt zu werden. Hier – mit viel Platz und Natur – lassen sich super Kindergeburtstage oder Familienfeste feiern. Namensgeber des Areals ist ein kleines Jägerhäuschen aus dem 18. Jahrhundert in der Nähe der Spielgeräte, das für die Fuldaerinnen und Fuldaer schon immer ein Anziehungspunkt war. Früher fanden dort Maikundgebungen statt, heute wird die Waldlichtung gerne für Feste genutzt und ganze Generationen von Schülerinnen und Schülern machen Wandertage zum Gerloser Häuschen. Kita-Gruppen, Sportvereine und Freundschaftscliquen nutzen die Schutzhütte etwas oberhalb des Spielplatzes und die verschiedenen festen Feuerstellen rund um das Jägerhaus zum Feiern, Grillen oder Picknicken. Von März bis Oktober trifft sich an jedem Vollmondabend des Monats eine Gruppe verschiedenster Menschen, um gemeinsam zu trommeln und Musik zu machen. Das Gerloser Häuschen selbst haben Maurer- und Zimmermannsauszubildende liebevoll restauriert mit der Idee, einen Waldlernort für Kindergarten- und Schulkinder zu schaffen.

Wunderbar verknüpfen können Familien den Spielplatzbesuch mit einer kleinen Waldwanderung. Vom Parkplatz starten mehrere ausgeschilderte Touren durch das Naherholungsgebiet Am Gerlos.

**TIPP**
Bei der Tourist-Information gibt es einen Spielplatzplan für Fulda.

- Spielplatz Gerloser Häuschen, 36039 Fulda (1 km nordwestlich von Niesig)
- ÖPNV: Bus 8 (Niesig), Haltestelle Niesig am Gerlos plus 10 Minuten Fußweg

# Den Winter vertreiben

 Hutzelfeuer auf den Dörfern

Gänsehautstimmung kommt auf, wenn am Sonntag nach Fastnacht überall in der Region Fulda die sogenannten Hutzelfeuer brennen. Fast jedes Dorf hat solch ein großes Feuer, mit dem traditionell die Fastenzeit eingeläutet und der Winter verbrannt wird. Oft gibt es eine Strohpuppe, die die dunkle Jahreszeit symbolisiert und an einem Mast über dem Reisighaufen befestigt ist.

Die Feuer liegen meist auf Hügeln, sodass sie die Dörfer beleuchten und weithin sichtbar sind. Von einem guten Aussichtplatz aus lassen sich Dutzende Hutzelfeuer auf einmal beobachten. Veranstalter der Hutzelfeuer sind die Jugendfeuerwehren, Messdiener oder Hutzeljugendgruppen der Gemeinden – also die Jugendlichen und jungen Erwachsenen des Dorfes. Schon Wochen im Voraus sammeln sie Gartenschnitt und vertrocknete Weihnachtsbäume ein, um die meterhohen Haufen aufzuschichten. In der Nacht zum Hutzelsonntag halten die Jungs und Mädchen Wache. Denn es soll schon vorgekommen sein, dass andere Hutzelgruppen vorzeitig fremde Hutzelfeuer entfachen.

Manche Gemeinden haben ihre ganz eigenen Hutzelfeuertraditionen: In Haimbach macht die Dorfgemeinschaft vorher einen gemeinsamen Fackelumzug, in Kerzell entzünden die Hutzeljungs das Feuer pünktlich mit dem Kirchenglockenschlag und am Rauschenberg begleitet oft der Musikverein das Geschehen. Auch das Singen der alten Hutzellieder gehört mancherorts fest zum Programm und fast überall verkauft die Dorfjugend Bratwürstchen und Glühwein – vielleicht den letzten des Jahres.

Feuerbräuche zum Winterausklang gibt es in ganz Deutschland, vom Fastenfunken am Bodensee bis zu den Osterfeuern an der Nordsee. Doch den Hutzelfeuerbrauch gibt es so nur im Fuldaer Land sowie in der Rhön. Er gilt als Teil der Fuldaer Identität. Und tatsächlich ist es ein berührendes Gefühl, daran zu denken, wie die eigenen Eltern, Großeltern und Urgroßeltern schon am Hutzelfeuer gestanden haben – mit der gleichen kribbelnden Vorfreude auf den Frühling und diesem ganz besonderen Gemeinschaftsgefühl.

..................................................................................

● Hutzelfeuer, am 1. Sonntag nach Fasching, auf fast allen Dörfern im Landkreis Fulda, Ort und Uhrzeit auf den Websites der Gemeinden und in der Tageszeitung

# Training auf der Kuhweide

## Farmfitness bei RhönGym in Künzell

Schubkarre schieben, über Strohballen klettern, Traktorreifen ziehen: All das klingt nach handfester landwirtschaftlicher Arbeit. Auf einem idyllisch gelegenen Bauernhof in Künzell-Dassen allerdings sind diese Übungen Teil eines ganz besonderen Fitnesskonzeptes. Das junge Start-up RhönGym bietet hier Farmtraining an, also Fitnesstraining am und im Bauernhof. Ein echtes Erlebnis.

Die Teilnehmerinnen und Teilnehmer trainieren bei Wind und Wetter auf der Kuhweide oder auch mal im Stall. Als Fitnessgerät wird genutzt, was sowieso vorhanden ist oder was gut ins Geschehen passt, wie Taue oder ein Stahlhammer. Konventionelle Utensilien wie Kugelhanteln oder Slingbänder ergänzen das Angebot. Im Mittelpunkt steht allerdings sowieso das ganzheitliche Training mit dem eigenen Körpergewicht. Denn es braucht ja nicht viel Schnickschnack, um den Körper zu kräftigen und die Ausdauer zu fördern. In der natürlichen Umgebung ist das Training nicht nur anstrengend, sondern macht auch großen Spaß und ist besonders abwechslungsreich. Wo sonst wird man von neugierigen Kühen bei Planks, Squats oder Burpees beobachtet? Und die Hofkatze kommt auch mal zu einer kleinen Kuschelpause vorbei. RhönGym-Inhaberin Pia Bechtold und ihre Kollegen Patrick Möller und Florian Kleinfelder sind erfahrene Fitnesscoaches und trainieren schon länger auf diese Weise. Zum Teil leben sie auf dem Hof und lieben es, zusammen Sport zu machen. Isolierte Bewegungen an abstrakten Fitnessmaschinen sind nicht so ihr Ding, und so entstand die Idee zum Open-Air-Fitnessstudio. Seit 2021 bieten sie wöchentliche Trainingseinheiten für Erwachsene und sogar Kinder an sowie Einmalkurse für kleinere Gruppen, die auch für Vereinstrainings oder Firmenevents gebucht werden. Es ist mal etwas anderes, in der Natur und mit einfachen Mitteln zu trainieren. Außerdem ist das Team wirklich sympathisch. Willkommen im außergewöhnlichsten Gym der Region!

- RhönGym, Unterdassen 3, 36093 Künzell, www.rhoengym.com
- ÖPNV: Bus 35 ab ZOB (Poppenhausen Kirche), Haltestelle Dassen Unterdassen plus 6 Minuten Fußweg

# Eine Reise um die Welt

## Boutique-Hotel Stadtvilla Hodes am Peterstor

Fulda ist viel zu schön für eine kurze Stippvisite. Wer ein paar Tage bleiben kann, sollte sich ein feines Zimmer buchen und von dort aus die Barockstadt in aller Ruhe zu Fuß erkunden. Direkt in der Innenstadt liegt das Boutique-Hotel Hodes, eine schicke und stilvoll renovierte Stadtvilla mit ganz besonderem Konzept: Jedes der neun Doppelzimmer ist einer internationalen Hauptstadt gewidmet und bis ins Detail nach ihrem Vorbild gestaltet. So können Gäste mitten in Deutschland eine kleine Weltreise von Metropole zu Metropole unternehmen und die Vorzüge des jeweiligen Landes genießen. Das Verrückte ist, dass jedes Zimmer eine vollkommen andere Wirkung hat und eine ganz eigene Stimmung erzeugt: Paris wirkt elegant, Stockholm gemütlich und leicht, Edinburgh und St. Petersburg dekadent und wuchtig, Marrakesch exotisch, Mailand und St. Tropez extravagant, Kapstadt edel und London royal. Für das passende Ambiente sorgen landestypische Farben, Stoffe, Möbel, Lampen und Accessoires; selbst die Fliesen, Lichtschalter und Fenstergriffe passen zum jeweiligen Motto. Eine hübsche Terrasse, der sogenannte Palmengarten, steht allen Gästen zur Verfügung.

Die Idee zu den exklusiven Themenzimmern hatten Nicole und Thorsten Winkelmann, die die Stadtvilla in fünfter Generation führen. Schon immer hat die Familie in dem mehr als 200 Jahre alten Gebäude selbst gewohnt und Gäste beherbergt. Früher gab es auch eine Schänke und eine Metzgerei im Erdgeschoss, heute befinden sich hier die Lobby und Speiseräume des Hotels, wo die Gäste ausgiebig frühstücken können. „Wenn sie nicht gerade verschlafen", lacht Thorsten Winkelmann, denn auf luxuriöse Betten legen er und seine Frau großen Wert. In jedem Doppelzimmer steht ein anderes handgemachtes Luxusbett, wegen denen Gäste aus der ganzen Welt anreisen. Die Kombination aus liebenswerter Gastfreundschaft, familiärem Flair, internationalem Reisefieber und zentraler Lage jedenfalls machen das Boutique-Hotel zu etwas ganz Besonderem.

**TIPP**
Im Boutique-Hotel können auch externe Gäste frühstücken. Ein Genuss!

........................................................................

● Boutique-Hotel Stadtvilla Hodes, Peterstor 14, 36037 Fulda, Tel. (06 61) 7 28 62
www.boutique-hotel-fulda.de
● ÖPNV: Bus 4 (Pilgerzell), Haltestelle Fulda Peterstor

# Eine Institution

## Das Kulturzentrum Kreuz in Horas

Jede Stadt braucht Menschen, die Ideen haben und Begeisterung, um etwas zu verändern. Die mitmischen wollen und ihre Leidenschaft für Musik und Kultur voller Einsatz leben. Das „Kreuz" – wie die Fuldaerinnen und Fuldaer den Verein Kulturzentrum Kreuz nennen – war schon immer ein Ort, an dem besonders viele solcher Menschen zusammenfanden.

Begonnen hat alles in den 1970er-Jahren, als es für junge Leute in Fulda fast ausschließlich christliche oder sehr klassische Kulturangebote gab. Damals eröffneten Studierende der Hochschule in der alten Horaser Traditionsgaststätte Eisernes Kreuz eine alternative Szenekneipe – eigentlich, um Geld für ein Jugendheim zu besorgen. Das Konzept allerdings kam so gut an, dass die grün-linke Community auch den Bürgersaal des Hauses anmietete und dort Konzerte und andere Events anbot. In den 1980er- und 1990er-Jahren übernahm das Kreuz mehrere Bars, Cafés und Clubs in Fulda und baute eine vielfältige Kulturlandschaft mit einem breit gefächerten Programm auf. Dabei engagierte sich das Netzwerk immer auch soziokulturell und bezog Stellung gegen Rassismus und für mehr Basisdemokratie.

Heute bespielt der Verein die großen Kulturstätten der Stadt – wie die Orangerie oder die Esperantohalle – und konzentriert sich auf zwei eigene Standorte: den Kulturkeller im Vonderau Museum mit einer Kleinkunstbühne für Kabarett, Kindertheater oder Programmkino sowie die ursprünglichen Räume in Horas. Noch immer gibt es hier eine Kneipe und den großen Saal mit viel Platz für Slamformate, Konzerte, Theaterprojekte und Clubveranstaltungen. Nach wie vor ein perfekter Ort für wilde Partys, erste Küsse, gute Musik und ein ausgelassenes Nachtleben. Das Sympathische: Dem Kreuz gelingt es seit eh und je, große Stars in die osthessische Provinz zu holen und auch feinen Newcomern oder Fuldaer Bands – zum Beispiel den Mambo KingX – eine Bühne zu bieten. Das Kreuz ist eben eine Institution, die aus Fulda nicht wegzudenken ist.

> **TIPP**
> Im Kreuz-Podcast „Fulda Kultur" führt Shaggy Schwarz wöchentlich durch die Fuldaer Kulturszene.

- Kulturzentrum Kreuz, Schlitzer Straße 81, 36039 Fulda, Tel. (06 61) 24 02 30
www.kreuz.com
- ÖPNV: 1 (Fulda Pozzistraße), Haltestelle Fulda Horas Zentrum

# Garten der Stille

 Domdechaneigarten direkt am hohen Dom

Der hohe Dom zu Fulda, die Kathedralkirche Christus Salvator, wird eigentlich immer nur von der Ostseite her bestaunt – mit seinem strahlenförmigen Vorplatz, dem großen Portal und den beiden gigantischen Türmen. Viel schöner, weil grüner, ist sein Anblick vom Domdechaneigarten aus.

Der Garten schmiegt sich direkt an den Dom an und ist eine besinnliche, liebevoll gestaltete Grünoase. Der Eingang liegt links vom Domportal hinter einem Tor mit der Aufschrift „Dommuseum". Schon hier sollte man kurz innehalten und den ersten Eindruck genießen. Denn es eröffnet sich ein absolut stimmiger Blick durch einen Steinbogen auf einen alten Springbrunnen, einen schnurgeraden Wasserlauf, gepflegte Grünflächen und Blumenbeete sowie das historische Gebäude des Dommuseums. Eine perfekte Symmetrie. Parallel zum Dom liegt ein lauschiger, glasüberdachter Laubengang, wo Skulpturen und andere Steinwerke des Dommuseums ausgestellt sind.

Gewidmet ist der Domdechaneigarten historischen Rosensorten, die in Dutzenden Varianten erblühen. Überall duftet es intensiv nach Rosen. Vögel und Schmetterlinge tanzen in der Sonne und trotz zahlreicher Besucherinnen und Besucher herrscht eine im wahrsten Sinne des Wortes himmlische Ruhe. Das liegt sicher auch am besonderen Blick, den man von hier aus auf den mächtigen Dom hat, und an der altehrwürdigen Atmosphäre. Einmal im Jahr allerdings – an Ostermontag – ist es mit der Stille vorbei. Denn dann findet die traditionelle Ostereiersuche des Jugendkathedralchors statt als Dankeschön für das Engagement der jungen Sängerinnen und Sänger. Schön, wenn Orte der Einkehr und Vergangenheit auch mal von wildem Kinderlachen erfüllt sind.

Richtig prächtig ist auch das Dommuseum am Ende der Anlage, das zum Teil in der historischen Domdechanei untergebracht ist und als Schatzkammer des Doms gilt. Kostbare Exponate – darunter Reliquien, Festkleider, Skulpturen und Gemälde – lassen die 1250 Jahre alte Geschichte von Kloster und Bistum Fulda lebendig werden.

● Domdechaneigarten, Domplatz 2, 36037 Fulda, Tel. (06 61) 1 02 18 13
www.tourismus-fulda.de
● ÖPNV: Bus 2 (Fulda Pozzistraße), Haltestelle Fulda Dom

# Abendzauber

### Die Liobakirche am Petersberg

Nach einem langen Tag braucht man vor allem eins: Raum, um den Kopf freizubekommen. Eine Alternative zum gemütlichen Fernsehabend auf der Couch ist ein Spaziergang hoch zur Kirche St. Peter in Petersberg, die allerdings – ein wichtiger Hinweis für alle von außerhalb – in Fulda beinahe ausschließlich Liobakirche genannt wird. Denn das Gotteshaus ist die Grabesstätte der Heiligen Lioba, einer Verwandten und Mitstreiterin des Heiligen Bonifatius.

Wegen ihrer exponierten Lage auf einer 400 Meter hohen Basaltkuppe ist die Bergkirche weithin sichtbar und ermöglicht andersherum eine wunderbare Sicht auf das Fuldaer Becken bis in die Kuppenrhön und zum Vogelsberg. Vor allem abends, wenn nach und nach überall die Lichter angehen und die Kirche selbst beleuchtet ist, scheint die Stimmung magisch. Und so kommen von Sonnenuntergang bis weit nach Mitternacht immer wieder Menschen den Berg herauf, um sich auf die Wehrmauern oder Bänke zu setzen und den Ausblick zu genießen. Einfach romantisch – vor allem in sternenklaren Nächten oder an Silvester, wenn der weite Himmel von bunten Raketen durchzogen ist und hier oben richtige Partystimmung aufkommt.

**TIPP**
Wer tagsüber kommt, kann mehrere interessante Infofilme in der Krypta anschauen.

Errichtet wurde die Liobakirche vor mehr als 1000 Jahren durch den berühmten Fuldaer Abt Rabanus Maurus. Die Krypta seines Baus ist bis heute erhalten und beherbergt neben dem Liobagrab einen weiteren besonderen Schatz: die ältesten erhaltenen Wandmalereien auf deutschem Boden und somit ein kunsthistorisches Denkmal von unschätzbarem Wert. Die Einheit von Baukunst, Malerei und Heiligengrab machen die Liobakirche zu einem der herausragendsten Kirchenbauwerke im Bistum Fulda. Zudem gehören die Gewölbe der Krypta zu den ältesten Kirchenbauten Deutschlands – ziemlich faszinierend! Unterhalb der Kirche leben Benediktinerinnen in einer kleinen Klostereinheit, der Cella St. Lioba. Die Liobaschwestern bieten Kirchenführungen an und zeigen den Gästen gerne das einmalige Innenleben ihrer nach außen eher unscheinbaren Kirche.

- Liobakirche, An St. Peter 2, 36100 Petersberg, www.kloster-st-lioba.de
- ÖPNV: Bus 2 (Petersberg Konrad-Adenauer-Schule), Haltestelle Petersberg Propsteihaus

# Reise durch ein Herz

 In der Kinder-Akademie Fulda

Fulda hat ein riesengroßes Herz. Genau genommen sogar das allergrößte – und zwar begehbare – Herz in ganz Europa. Das imposante Exponat ist die Hauptattraktion der Kinder-Akademie Fulda und ihr Besuch ein faszinierendes Erlebnis.

Das Juwel des Museums erstreckt sich auf 36 Quadratmetern Grundfläche und hat eine Höhe von 5 Metern. Die Proportionen des künstlichen Herzens entsprechen dem anatomischen in einem Verhältnis von 1 zu 60. Besucherinnen und Besucher können also einfach durch das Herz hindurchklettern, wie ein rotes Blutkörperchen dem Blutstrom durch die vier Herzkammern folgen und den Blutkreislauf erkunden. Bei einer Gruppenführung lernen Kinder und Erwachsene, wie das Herz aufgebaut ist und wie es gesund bleibt. Für Einzelbesucherinnen und -besucher steht ein Audioguide zur Verfügung. Es gibt sogar einen speziellen Kinder-Audioguide.

Die Idee zum begehbaren Herzen hatten Helen Bonzel und ihr Mann, der Kardiologe Professor Dr. Tassilo Bonzel. Inspiriert durch amerikanische Vorbilder hat Helen Bonzel die Kinder-Akademie Fulda – kurz KAF – vor 30 Jahren gegründet, als damals erstes eigenständiges Kindermuseum Deutschlands. Das ehemalige Industriegebäude bietet 2000 Quadratmeter Fläche, die früher wie heute für dauerhafte Erlebnisausstellungen, wechselnde Kunst- und Kulturausstellungen, Werkräume, einen Museumsshop und das „KAFé" genutzt werden. Neben dem begehbaren Herzen gibt es einen Hands-on-Bereich mit vielen interaktiven Objekten aus Kunst, Kultur, Naturwissenschaft und Technik. Ein Highlight sind die Holzkugelbahnen des französischen Künstlers Pierre Andrés. Aber auch am Knobeltisch, in der riesigen Legoecke und am Kaufmannsladen im Erdgeschoss darf ausgiebig gespielt werden. Das Mitmachmuseum ist eben keine Kaderschmiede, sondern ein Ort zum Anfassen, Anschauen und Ausprobieren. Ein Akademieprogramm mit Ferienworkshops, Kunstschule, Erfinderclub, Kinderuni und Fortbildungen für Lehrende und Erziehende runden das KAF-Angebot ab.

● Kinder-Akademie Fulda, Mehlerstraße 8, 36043 Fulda, Tel. (06 61) 90 27 30
www.kaf.de
● ÖPNV: Bus 8 (Fulda An St. Johann), Haltestelle Fulda Ellerstraße

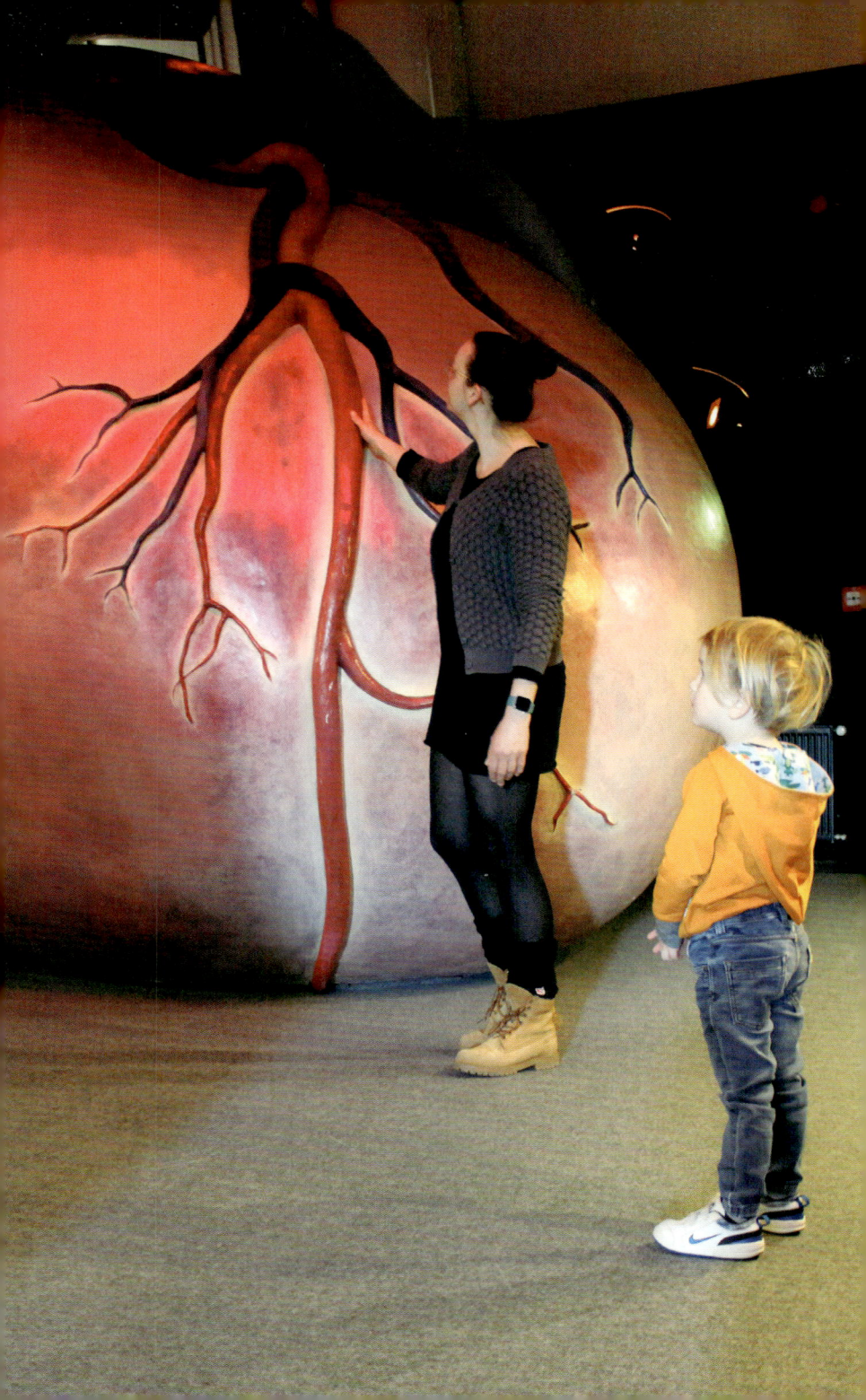

# Feierabend am Türmchen

## Rhönklubhütte an der Eichenzeller Warte

Rund um Fulda liegen – wie an einer Perlenschnur aufgefädelt – acht Warttürme, die im Spätmittelalter zum Schutz der Region erbaut wurden. Die Signaltürme stehen auf verschiedenen Anhöhen in Sichtweite zueinander und ihr Standort bietet jeweils einen herrlichen Rundumblick in die Umgebung. So konnte damals das Wegenetz um Fulda gut überwacht werden. Im Falle eines Angriffs gaben die Wächter die Warnungen via Signalfeuer oder Flaggenzeichen an die anderen Türme weiter.

Bis heute besonders gut erhalten ist die Eichenzeller Warte ganz in der Nähe von Schloss Fasanerie. Das „Türmchen" – wie der 13 Meter hohe und rund 5 Meter dicke Turm genannt wird – ist heute nicht nur ein wichtiges Wahrzeichen für die Gemeinde Eichenzell, sondern auch ein beliebter Treffpunkt. Neben dem Aussichtsturm ist ein kleines Erholungsgebiet mit Wiesen, Bänken und Spielgeräten entstanden, das von Ausflüglern gerne genutzt wird. Für die Pflege des Areals ist der Wanderverein Rhönklub zuständig, der dort auch einen hübschen Biergarten betreibt. Neben kalten und heißen Getränken gibt es hausgemachte Kuchen, klassische Biergartengerichte und hessische Spezialitäten wie Handkäs mit Musik, Ofenkartoffeln mit grüner Soße oder Spundekäs mit Kümmelbrot – alles aus frischen Zutaten und liebevoll zubereitet. Sonntags bei schönem Wetter kann man es sich vom Frühschoppen bis zum Sundowner richtig gut gehen lassen. Unter der Woche ist der Biergarten im Sommer jeden Abend geöffnet. Hin und wieder finden auch Veranstaltungen wie Konzerte oder Theateraufführungen statt und Schulen und Vereine mieten das Gelände gerne für Treffen oder Feste.

An der Jausenstation bekommen Gäste übrigens nicht nur Speisen und Getränke, sondern auch Routenkarten für Wanderstrecken. Die Rundwege verschiedenster Länge kombinieren Spaziergänge in der direkten Umgebung mit kleinen Rätseln – etwa zum Thema Märchen oder Natur. Eine tolle Idee, um die schöne Landschaft rund um die Eichenzeller Warte ausgiebig zu erkunden.

● Eichenzeller Warte, Wartturm 1, 36124 Eichenzell, www.rhoenklub-eichenzell.de
● ÖPNV: Bus 43 (Eichenzell-Welkers), Haltestelle Eichenzell Dalbergstraße plus 12 Minuten Fußweg

# Einmal ohne alles bitte!

## Emmas Unverpackt Laden am Luckenberg

Es riecht nach Seife, Tee und frischem Gemüse – je nachdem, wo man gerade steht in dem kleinen Ladengeschäft am Luckenberg. Doch ehrlich gesagt geht es hier weniger um das, was es gibt, als um das, was es nicht gibt: Verpackung nämlich. Alle Produkte, die in Emmas Unverpackt Laden über den hölzernen Ladentisch gehen, kommen – wie der Name schon sagt – ohne Einwegverpackungen aus. Haferflocken, Nüsse, Nudeln oder Linsen, aber auch Kosmetika und Putzmittel werden lose und nach Gewicht verkauft. Die Kundinnen und Kunden bringen für ihren Einkauf einfach ihre eigenen Dosen, Schachteln oder Stoffbeutel mit. Das lose Einkaufen vermeidet nicht nur Verpackungsmüll, sondern beugt auch der Verschwendung von Lebensmitteln vor. Denn es landet exakt nur die Menge im Einkaufskorb, die gebraucht wird. Die Abfüllstationen mit Getreide, Hülsenfrüchten und Müslis sind also das Markenzeichen von Emmas Unverpackt Laden. In einem Kühlschrank stehen Molkereiprodukte in Pfandgläsern und Papierverpackungen bereit und es gibt eine gut gefüllte Bauernecke mit losem Obst und Gemüse. Der Laden hat zwar nur 55 Quadratmeter, bietet aber alles, was man an Lebensmitteln für die Grundversorgung braucht. Jeden Dienstag stapeln sich zudem Kisten mit Demetergemüse von der Loheland-Stiftung, die von den Abonnentinnen und Abonnenten abgeholt werden.

Doch wer ein solch stringent nachhaltiges Konzept hat, achtet natürlich auch in anderer Hinsicht auf den ökologischen Fußabdruck. Und so bietet das Team von Emmas Unverpackt Laden fast ausschließlich Bioware von Lieferanten aus der Region an. Die Inhaberinnen leben selbst schon lange so plastikfrei wie möglich und möchten andere mit ihrer Lebensweise anstecken. Und so finden sich in den Regalen weitere tolle Inspirationen für ein plastikfreies Leben – im Bereich Körperpflege zum Beispiel Zahnpasta ohne Tube in Tablettenform, festes Shampoo am Stück oder Zahnseide im Glas ohne Plastikhalterung. Weniger kann eben mehr sein!

..............................................................................................

- Emmas Unverpackt Laden, Luckenberg 1, 36037 Fulda, www.unverpackt-fulda.de
- ÖPNV: alle Stadtbusse, Haltestelle Stadtschloss

# Stadt, Land, Fluss

## Unterwegs mit Kanutours ab Kämmerzell

Rund 200 Kilometer legt der Fluss Fulda von seiner Quelle auf der Wasserkuppe bis zur Vereinigung mit der Werra in Hannoversch Münden zurück. Viele davon sind bestens geeignet, um sie mit dem Kanu zu erkunden. Das jedenfalls empfiehlt der Flussführer des Deutschen Kanu-Verbandes, der die Fulda als „klassischen Kanuwanderfluss" bezeichnet. Zu Recht!

Vor allem rund um die Barockstadt, wo sich die Fulda schon ordentlich breit macht, ist eine Kanutour ein besonderes Erlebnis. Das gesamte Flusssystem befindet sich in einem idyllischen Landschaftsschutzgebiet und durch die „Entenperspektive" rücken Flora und Fauna ganz nah. Am Ufer blüht indisches Springkraut, Frösche quaken um die Wette und mit etwas Glück schwirrt ein scheuer Eisvogel vorbei.

Der Kanuverleih Kanutours Fulda macht einen Ausflug mit dem Boot auch für Anfängerinnen und Anfänger bequem möglich. An der Verleihstation in Kämmerzell verteilt das Team um Elke und Harald Hoßfeld, die das Unternehmen mit viel Herzblut betreiben, die passenden Boote, Paddel und Schwimmwesten. Nach einer ausführlichen Einweisung in die richtige Technik sitzt man schon drin im Einer-Kajak oder Mehrpersonen-Kanadier und lässt sich flussabwärts dahintreiben. Ganz schön aufregend.

> **TIPP**
> Der Schlitzer Stadtteil Pfordt hat einen großen Badesee – eine super Abkühlung im Sommer!

Zur Auswahl stehen mehrere Haustouren, die Familie Hoßfeld als Landkarte oder via App zur Verfügung stellt. Eine Tour zum Beispiel führt in rund 4 Stunden von Kämmerzell über die Dörfchen Lüdermünd, Hemmen, Hartershausen und Üllershausen nach Pfordt. In der Flusskarte sind Ausstiegsmöglichkeiten und Picknickplätze ebenso festgehalten wie die Besonderheiten der einzelnen Ein- und Umstiege auf der Strecke. Das gibt Sicherheit und Orientierung. Neigen sich Armkraft und Ausdauer dem Ende zu, reicht ein Anruf bei Kanutours und das Team holt die Boote unkompliziert an der vereinbarten Abholstelle ab. Auf Wunsch begleiten Guides die Tour, was sich für Klassenfahrten, Betriebsausflüge oder Mehrtagestouren gut eignet.

- Kanuverleih Kanutours Fulda, Fischerweg, 36041 Fulda-Kämmerzell
  www.kanutours-fulda.de
- ÖPNV: Bus 591 (Lüdermünd–Schlitz), Haltestelle Kämmerzell Kirche

# Gruseliges Mittelalter

## Der Hexenturm in der Kanalstraße

Eines gleich vorneweg: Der Hexenturm ist nicht – wie es sich Generationen von Fuldaer Kindern mit Leuchten in den Augen und Gänsehaut im Nacken erzählen – ein Ort, an dem im Mittelalter Hexen gefangen gehalten und gefoltert wurden. Der Name ist quasi eine Mogelpackung, denn der im 12. Jahrhundert erbaute Wehrturm diente nicht der Hexenbestrafung, sondern der Sicherung des sogenannten Frauentörleins. Dieses war Teil der Stadtmauer und ermöglichte ausschließlich Männern den Zugang von der Bürgerstadt zum Kloster. Daher wurde der Turm ursprünglich „Frauenturm" oder „Jungfernturm" und erst im ausgehenden 19. Jahrhundert im Volksmund „Hexenturm" genannt. Also doch alles gut im mittelalterlichen Fulda? Nicht ganz, denn tatsächlich wurden im Hexenturm weibliche Gefangene festgehalten – wie auch Männer in anderen Türmen, als Alternative zu fehlenden Gefängnissen. Zum anderen wurden im Hochstift Fulda im Zuge der Hexenverfolgung tatsächlich Menschen als Hexen oder Hexenmeister verurteilt, gefoltert und öffentlich verbrannt. Zwischen 1600 und 1606 sollen es 270 Personen gewesen sein. Laut Originaldokumenten geschah dies allerdings im Fuldaer Stadtschloss. Auch wenn der Hexenturm seinen Namen also zu Unrecht trägt, befindet sich am Gebäude ein Schild mit dem Hinweis auf eine Gedenkstätte für die Opfer der Hexenverfolgung auf dem alten Dompfarrlichen Friedhof am Frauenberg. Der Hexenturm dient also weiterhin als eine Art inoffizielles Mahnmal an die dunklen Fuldaer Zeiten.

Und warum soll ausgerechnet solch ein Ort ein Glücksort sein? Weil der 14 Meter hohe Hexenturm der am besten erhaltene Turm der mittelalterlichen Stadtbefestigung Fuldas ist. Auch seine Lage in der romantischen Kanalstraße zwischen Dom, Dahliengarten und den mittelalterlichen Gassen der Altstadt ist bezaubernd. Außerdem, sind wir doch mal ehrlich, sind gruselige Mythen und kindliche Schauergeschichten auch aufregend. Kein Wunder also, dass der Hexenturm ein fester Bestandteil historischer Stadtführungen ist.

**TIPP**

Direkt nebenan, in der Kanalstraße 1b, liegt das Geburtshaus des Nobelpreisträgers Ferdinand Braun.

● Hexenturm, Kanalstraße 1, 36037 Fulda, www.tourismus-fulda.de
● ÖPNV: Bus 2 (Fulda Pozzistraße), Haltestelle Fulda Dom

# Kneipe an Kneipe

## Das Bermudadreieck in der Altstadt

Es steht in keinem Stadtplan, aber jeder in Fulda kennt es: das sogenannte Bermudadreieck zwischen Karlstraße und Kanalstraße am südlichen Ende der Innenstadt. Nirgendwo sonst kann man schöner versacken als in dieser Ecke der Stadt, denn nirgendwo sonst gibt es so viele Kneipen, Bars, Cafés und Restaurants. Quasi in jedem Haus ist eine Gastronomie untergebracht und wo ein Geschäft leer wird, ziehen „Ladengeschäfte mit Verkostung" – wie es offiziell heißt – ein. Dazu zählen zum Beispiel die schicke Stadtmetzgerei, der kleine Spanier Casa Espana oder die Confiserie Heilemann mit dem Café Herzlich, die nur tagsüber geöffnet haben dürfen. Denn die Stadt bemüht sich, den nächtlichen Lärm für die Anwohnerinnen und Anwohner in Grenzen zu halten. Das ist angesichts der übrigen Objekte nicht verwunderlich.

Denn im rund 150 Meter langen Bermudadreieck reiht sich Kneipe an Kneipe, Bar an Bar. Manche sind jahrzehntealte Institutionen, darunter die Hochstift-Kneipe Windmühle, das urige Schöppchen, die Gaststätte Altstadt, die Bar 22, die Kultkneipe Krokodil oder das Goldene Rad. Andere gibt es erst seit ein paar Jahren wie die Carambar oder die Barock Bar.

Das „Rädchen" – wie alle das Goldene Rad liebevoll nennen – ist der perfekte Ort, um entspannt in den Abend zu starten und sich für eine lange Nacht zu stärken, etwa mit den legendären Suppen oder dick belegten Fladenbroten. Aber auch das Weinhaus mit seiner kleinen feinen Küche und der Pastaladen Kitchen 74 sind klare Empfehlungen. Für internationale Vielfalt sorgen der Mexikaner Chumbos, der Nga Asia Imbiss und – noch ein Geheimtipp – die Kleine Kaschmir Küche mit pakistanischem Essen. Weil Karl- und Kanalstraße Fußgängerzone sind, dürfen beinahe alle Gastronominnen und Gastronomen Stühle und Tische vors Haus stellen und so hat das Ausgehviertel vor allem im Sommer einen ganz besonderen Charme. Der Legende nach ist Fulda die Stadt mit der höchsten Kneipendichte Europas. Im Bermudadreieck hat man daran keinen Zweifel.

**TIPP**
Beim jährlichen Kneipenfestival Honky Tonk machen viele Locations im Bermudadreieck mit.

- Bermudadreieck, Kanalstraße/Karlstraße, 36037 Fulda
- ÖPNV: Bus 3 (Maberzell, Bimbach), Haltestelle Robert-Kircher-Straße

# Hofgemeinschaft erleben

## Hofcafé am antonius Hof in Haimbach

Der Stadtteil Haimbach soll wieder einen richtigen Treffpunkt haben. Einen Ort, wo man Familienfeste von der Taufe bis zur Beerdigung feiert. Wo man abends entspannt ein Glas Wein trinkt und mit der Nachbarschaft plaudern kann. Und wo die verschiedensten Menschen – ob Jung oder Alt, mit oder ohne Behinderung, von hier oder aus der Ferne – ungezwungen zusammenkommen. Ganz so, wie es früher auf den Dörfern üblich war. Das war die Vision für das Hofcafé am antonius Hof in Haimbach. Die Vision ist Wirklichkeit geworden!

Seit 2019 gehört das Hofcafé fest zu Haimbach und ist eine der wichtigsten Begegnungsstätten des Ortes geworden. Das Café mit seiner großen Hofterrasse liegt am Eingang des antonius Hofs, einem Biobauernhof mit Schaubetrieb. Hier arbeiten rund 100 Menschen mit und ohne Behinderungen zusammen und halten Tiere, bewirtschaften die Felder und verarbeiten ihre Erzeugnisse, etwa im Kartoffelschälbetrieb.

**TIPP**
Im Hofladen gibt's ökologisch, regional und sozial produzierte Lebensmittel direkt vom Erzeuger.

Bei einem Besuch im Hofcafé ist man sofort mittendrin im Geschehen, denn die Hofmitarbeiterinnen und Hofmitarbeiter nutzen die Café-Terrasse und den gemütlich-modernen Innenbereich aktiv mit. Sie verbringen ihre Pause hier oder essen zu Mittag, treffen sich zu Besprechungen oder genießen den Treffpunkt zum Austausch mit anderen. Dieses lebendige Miteinander schafft ein ganz besonderes Flair, das die Atmosphäre im antonius Hofcafé so einmalig macht. Dafür sorgt auch das kulinarische Angebot, das – passend zur Location – leckere Getränke und Speisen ohne viel Chichi umfasst. Es gibt zum Beispiel üppige Frühstücksteller, hausgemachten Kuchen, Gulaschsuppe mit selbst gebackenem Brot oder Ofenkartoffeln mit Hofdip. Die verarbeiteten Produkte stammen natürlich überwiegend direkt vom Hof und sind immer frisch.

Ganz im Sinne der ursprünglichen Gründungsidee finden im Hofcafé regelmäßige Treffen und Veranstaltungen statt wie Stammtische oder Weinproben. Auch Familien, Vereine und Unternehmen nutzen die Räume für Feiern oder Events.

● antonius Hofcafé, Saturnstraße 14, 36041 Fulda-Haimbach, www.antonius.de
● ÖPNV: Bus 4 (Rodges IP-West), Haltestelle Haimbach Schule

# Sagenhafter Pilgerort

## Schnepfenkapelle und Körbelshütte bei Bimbach

Ein verwunschener Wald, eine mystische Kapelle und ein uriger Biergarten: Damit werden Wanderinnen und Wanderer belohnt, die den Weg auf die Anhöhe rund um die Schnepfenkapelle hinaufsteigen. Das Gebiet liegt oberhalb von Bimbach westlich von Fulda. Sowohl der deutsche Jakobsweg als auch der mittelalterliche Bonifatiusweg führen hier entlang und am Parkplatz Körbelshütte starten mehrere Rundwanderwege.

Die wichtigste Sehenswürdigkeit am Ort ist die Schnepfenkapelle. Das barocke Gotteshaus heißt eigentlich Wallfahrtskapelle zur Schmerzhaften Mutter, wird jedoch umgangssprachlich nach dem nahe gelegenen Schnepfenhof benannt. Zu ihrer Entstehung gibt es zwei Legenden: Die erste Geschichte erzählt von einem Schäfer, der am heutigen Standort der Kapelle ein Marienbild gefunden und dieses mehrfach an einen anderen Ort gebracht haben soll. Nachdem er es jedes Mal auf der gleichen Anhöhe wiederfand, deutete er dies als Zeichen und errichtete dort eine Kapelle. Die andere Geschichte berichtet von einem Jäger, der sich bei der Schnepfenjagd am Oberlauf des Bimbaches verirrt und Maria eine Kapelle versprochen habe, wenn sie ihn aus seiner Not rette. Was auch immer zum Bau der Kapelle geführt hat: Sie liegt äußerst idyllisch am Waldrand und bietet einen herrlichen Panoramablick über das Lüdertal Richtung Fulda bis in die Rhön.

Der Schnepfenkapelle gegenüber liegt das Café Körbelshütte, ein liebevoll restaurierter Bauernhof mit wunderschönem Biergarten. Das Fachwerkhäuschen, das gut auch auf einer Almwiese stehen könnte, ist eine Pilgerstätte für Radfahrer, Spaziergängerinnen und Wanderer. Die Gäste können im Garten rund ums Haus unter alten Bäumen sitzen und in entspannter Atmosphäre köstlichen Kuchen, feine Torten oder rustikale Wurst- und Käseplatten genießen.

Wer noch ein bisschen Bewegung braucht, kann den direkt angrenzenden Schnepfenwald erkunden. Im Herbst ist das Gebiet ein gutes Fleckchen zum Pilzesammeln – aber psst, nicht weitersagen!

> **TIPP**
> Im Sommer hat die Körbelshütte bis Sonnenuntergang geöffnet und serviert frisch-fruchtige Cocktails.

- Schnepfenkapelle und Körbelshütte, Schnepfenweg, 36137 Großenlüder, www.koerbelshuette.de (vor Besuch Öffnungszeiten erfragen)
- ÖPNV: Bus 4 (Rodges IP-West), Haltestelle Malkes plus 25 Minuten Fußweg

# Feine Filme

## Kino 35 in der Ohmstraße

Es gibt Filme, die gehen direkt ins Herz. Sie verändern unsere Sicht auf die Dinge, stoßen Diskussionen an, zeigen uns völlig neue Welten oder bereiten einfach nur viel Vergnügen. Im Fuldaer Kino 35 laufen besonders viele solcher feinen Filme, denn das alternative Programmkino setzt auf künstlerisch ambitionierte Arthaus-Filme abseits des üblichen Mainstreams.

Geführt wird die Kinoinitiative von Cineasten, die das kleine Kino neben ihren normalen Jobs ehrenamtlich betreiben. Der Verein trifft sich regelmäßig zu Filmeabenden, um passende Werke für das Programm aufzuspüren. Filme finden, den Verleih organisieren, Werbung machen, die Räumlichkeiten instand halten, Kasse und Bar besetzen und die Filme vorführen – das alles macht viel Arbeit. Umso größer ist der Stolz, dass sich der Einsatz lohnt und das Lichtspielhaus einen wichtigen Platz in der Fuldaer Kulturszene einnimmt.

Viele Jahre war das Kino 35 in einem links geprägten Hinterhof in der Langenbrückenstraße zu Hause, bis es 2017 in einen ehemaligen türkischen Obst- und Gemüsemarkt in der Ohmstraße umzog. Dort erwartet die Gäste ein kleiner Kinosaal mit 120 Sesseln – die ganz standestypisch mit rotem Samt überzogen sind – und eine Bar, an der es Getränke und natürlich frisches Popcorn gibt. Das Programm ist abwechslungsreich und reicht von Tragödien und Thrillern über Autorenfilme bis zu Komödien. Nur Blockbuster, bei denen Autos durch die Luft fliegen, gibt es nicht zu sehen. Zum Start des Wochenendes zeigt Kino 35 den Freitagsfilm, am DokuDonnerstag werden in Kooperation mit der Hochschule Fulda inspirierende Dokumentationen gezeigt und ab und zu läuft sonntags ein besonderer Kinderfilm. Veranstaltungen wie Anime-Festivals, Event-Lesungen oder Freiluftkino im Museumshof sind besondere Erlebnisse. Weil die AWO das Projekt unterstützt, ist der Eintritt super günstig und für alle Menschen erschwinglich. Also: Eintrittskarte buchen, Popcorn kaufen und voller Vorfreude auf den Gong warten. Viel Freude beim Film!

- Kino 35, Ohmstraße 18-20, 36037 Fulda, Tel. (06 61) 48 00 45 35, www.35kino.de
- ÖPNV: Bus 4 (Pilgerzell), Haltestelle Fulda Brauhausstraße

# Kunterbunte Regionalität

Der Fuldaer Wochenmarkt

Mittwochs und samstags wird es bunt und quirlig im unteren Teil der Innenstadt, wenn dort von frühmorgens bis mittags der Fuldaer Wochenmarkt stattfindet. Das Markttreiben schlängelt sich einen Teil der Kanalstraße entlang und breitet sich auf dem Gemüsemarkt aus.

Hier treffen sich die Fuldaerinnen und Fuldaer, um sich mit Blumen, Obst, Gemüse, Brot und Käse einzudecken – und zwar nachhaltig. Denn das Angebot stammt zum Großteil von heimischen Bäuerinnen, Händlern und Erzeugerinnen und hat – bis auf wenige Spezialitäten – keine langen Wege zurückgelegt. Zugleich ist die Ware von der aktuellen Saison geprägt und allein das ist nicht nur klimafreundlich, sondern steigert auch die Vorfreude. Endlich der erste Spargel, die lang ersehnten Kirschen, die Maronen fürs Weihnachtsmenü. Auch finden sich Produkte, die es so nur im Fuldaer Land gibt, wie Schwartenmagen und Flurgönder – spezielle Wurstspezialitäten, die sogar schon im osthessischen Wahlkampf eine Rolle gespielt haben.

Die ganze Pracht des Wochenmarktes entfaltet sich bei einer langsamen Erkundungsrunde. Bloß keinen Stress am Markttag! Besser gemütlich die Stände entlangschlendern und das Geschehen mit allen Sinnen aufnehmen – den Duft des Brotes, das intensive Rot der Tulpen, das Gespräch am Nachbarstand. Denn solch ein Markt ist traditionell schon immer nicht nur Handelsplatz, sondern auch Treffpunkt, um Neuigkeiten auszutauschen und in aller Ruhe zu klönen. Viele Standbesitzerinnen und Kunden kennen sich seit Jahren und so kann man mit Sicherheit die ein oder andere tolle Anekdote aufschnappen.

Natürlich dreht sich viel ums gute Essen und Trinken. Die Stände quellen schließlich fast über von knackigem Gemüse, herzhaftem Käse, mediterranen Antipasti oder fangfrischem Fisch. Ein optischer Genuss zu allen Jahreszeiten sind die Blumenstände, die jenseits des üblichen Blumenladen-Repertoires eine reiche Vielfalt präsentieren. Vom Frühling bis zum ersten Frost bekommt man auch Pflänzchen für Garten und Balkon.

**TIPP**
Mitten im Markt liegt Mima Café & Bar mit tollem Angebot für Kaffee, Frühstück oder Lunch.

- Wochenmarkt, Kanalstraße & Gemüsemarkt, 36037 Fulda
www.wochenmarkt-fulda.de
- ÖPNV: Bus 3 (Maberzell, Bimbach), Haltestelle Robert-Kircher-Straße

# Natur und Kultur

 Das Vonderau Museum Fulda

Angefangen hat alles mit Joseph Vonderau. Der Fuldaer Lehrer und Forscher war bei Ausgrabungen auf Gegenstände aus der Stein-, Bronze- und Eisenzeit gestoßen und wollte diese Funde mit der Öffentlichkeit teilen. So entstand 1875 das Vonderau Museum, das heute mit fast 4000 Quadratmetern Ausstellungsfläche das größte Museum zwischen Kassel und Frankfurt ist. Drei Dauerausstellungen widmen sich der Kulturgeschichte, Naturkunde, Malerei und Skulptur der Region, während Sonderausstellungen zu verschiedensten Themen immer wieder für neue Eindrücke sorgen.

Das Zuhause des Museums ist eine prächtige Vierflügelanlage aus dem späten 16. Jahrhundert, die ursprünglich als Päpstliches Seminar und Jesuitenschule diente. So viele Räume und Objekte gibt es zu entdecken!

Etwa die archäologischen Funde von der Steinzeit bis zur Eisenzeit, die stadtgeschichtliche Abteilung oder die Ausstellung zu Malerei und Skulptur im Fuldaer Raum. Ganz lebensnah sind die vier Zimmer, die im Barock, Biedermeier, Historismus und Jugendstil eingerichtet sind und so die Wohnkultur der Epochen hautnah vermitteln. Eine Entdeckung sind auch die zwei echten Fulda-Mobile – legendäre Kleinwagen, die von 1949 bis 1969 in Fulda in Handarbeit hergestellt wurden – und eine komplett eingerichtete Original-Drogerie von 1913.

Junge Besucherinnen und Besucher zieht es vor allem in die Naturkundeabteilung. Dort zeigen detailreich gestaltete Schaukästen Szenen mit Modelllandschaften zur Tier- und Pflanzenwelt Osthessens in der Vergangenheit und Gegenwart. An Hands-on-Stationen können Kinder die Ausstellung als kleine Entdecker erkunden und mit Mikroskopen die Welt der Tiere erforschen.

Unbedingt einplanen sollte man eine Vorstellung im hauseigenen Planetarium. Dank hochmoderner Fulldome-Video-Projektion können Besucherinnen und Besucher eine Weltraumfahrt unternehmen oder mehr über den lokalen Sternenhimmel lernen. Einfach in den Sessel fallen lassen, zurücklehnen und den Ausflug in die Sterne genießen!

## TIPP

Im Gebäude liegt das wunderbare Café Alte Schule. Der Eingang befindet sich Richtung Fußgängerzone.

● Vonderau Museum, Jesuitenplatz 2, 36037 Fulda, Tel. (06 61) 1 02 32 12
www.museum-fulda.de
● ÖPNV: Bus 4 (Pilgerzell), Haltestelle Fulda Universitätsplatz

# Nur fliegen ist schöner

## Himmelsschaukeln im Hundeshagenpark

Ja, man kann einen ganzen Tag mit Arbeit, Orga und Erledigungen verbringen. Auch eine ganze Woche oder ein Jahr. Aber das wahre Leben besteht doch im Grunde eher aus anderen Momenten, nämlich denen voller Leichtigkeit und Loslassen. Solche Momente sind schwer zu finden, könnte man meinen. Dabei muss man nur in den Hundeshagenpark am Fuße des Frauenbergs gehen und sich dort auf eine der beiden Himmelsschaukeln setzen. Und jetzt: Schwung nehmen, Füße kräftig nach vorne und hinten führen und das immer höher werdende Schweben genießen. Hin und her, hin und her, hin und her. Herrlich – und so einfach!

Auch die Aussicht ist nicht schlecht: Der umliegende Park befindet sich direkt am Rand der Innenstadt und ist bei Spaziergängern und Familien gleichermaßen beliebt. Die einen schätzen den ehemaligen Forstlehrgarten für seine weitläufigen Grünflächen mit altem Baumbestand, die anderen den Spielplatz mit vielen kreativen Spielbereichen. Die Stadt hat das Areal vor wenigen Jahren komplett umgestaltet und vorab – das war ein cleverer Schachzug – die Kinder, Anwohner und andere Nutzerinnen des Parks durch eine Bürgerbeteiligung beim Planungskonzept miteinbezogen. Eine gute Basis für ein respektvolles Miteinander aller Parkbesucherinnen und Parkbesucher.

**TIPP**
Die Pizzeria Tomate hat das ehemalige Toilettenhaus des Parks schick renoviert. Perfekt für Feste!

Der Spielplatz gehört für viele Familien zum schönsten im ganzen Stadtgebiet: Individuell für den Ort konzipierte Spielgeräte aus natürlichem Robinienholz ordnen sich dem alten Baumbestand unter und sind auf mehrere Plätze verteilt. Ein „behüteter Spielbereich" richtet sich an kleine Kinder, während der Motorikparcours und ebendie meterhohen Himmelsschaukeln für größere Kinder und Erwachsene entwickelt wurden. Auf den großen Wiesen drumherum können Jung und Alt ausgiebig picknicken, toben und chillen. Auch die Boulebahn und Tischtennisplatten sind viel frequentiert.

Namensgeber Johann Christian Hundeshagen hätte sicher seine Freude daran, wie wunderbar sich die Hundeshagenanlage entwickelt hat.

- Himmelsschaukeln im Hundeshagenpark, Elisabethenstraße 1, 36039 Fulda
- ÖPNV: Bus 60 (Jossa), Haltestelle Fulda Winfriedschule

# Heimliche Kulturmeile

## Die charmanten Läden der Löherstraße

Ein Klavier auf dem Bürgersteig, Kunst an den Hausfassaden, bunte Strandliegen vor den Geschäften: Schon auf den ersten Blick ist die Löherstraße – eine gepflasterte kleine Einkaufsstraße am südlichen Ende der Innenstadt – etwas Besonderes. Das sogenannte „Tor zur Mitte" ist die Heimat vieler individueller Läden, von denen einige sich zu einer Interessengemeinschaft zusammengetan haben. Dazu gehört der Plattenladen Marleen Records mit seiner Sammlung neuer und gebrauchter Musik – von AC/DC bis Zappa, von Klassik bis Punk. Nebenan trotzt ein weiterer „Local Hero", das Antiquariat Ulenspiegel, dem Internethandel und macht einfach das, was der örtliche Buchhandel am besten kann: punktgenau beraten, individuelle Vorlieben ergründen oder einen in Ruhe durch die Regale stöbern lassen. Lesen kann man die frisch erworbenen Schätze am besten direkt in der gegenüberliegenden Rösterei Kaffeekultur. In dem entspannten Kaffeehaus rösten Christiane und Wolfgang rund 25 verschiedene Kaffee- und Espressosorten von Hand und servieren sie zu Kuchen und Snacks. Auch toll: Das türkische Restaurant Tandurem, das Antiquitätengeschäft Leipold, das Café Törtchen und der RegioPoint mit ausschließlich regionalen Produkten. Mit ihren vielfältigen Aktionen wie Lesungen, Ausstellungen und Konzerten gilt die Löherstraße längst als heimliche Kulturmeile Fuldas. Jährliche Highlights sind das Bürgerpicknick im Juni, bei dem alle gemeinsam an einer meterlangen Tafel sitzen und ihre Speisen miteinander teilen, sowie das große Kulturfest im September mit Live-Acts und Essen. Auch ein Fest der Vielfalt und eine gemeinsame Stadthopfen-Anbauaktion hat es schon gegeben. Die Löherstraße ist Teil der mittelalterlichen Handelsstraße Via Regia von Kiew nach Santiago de Compostela, auf der von jeher Kaufleute, Krieger und Pilger unterwegs waren. Heute ist sie eher eine Art alternatives Zentrum, wo jeder jeden kennt und jeder für jeden da ist. Eine wunderbare Atmosphäre!

**TIPP**
Die Straßenklaviere stammen vom Citymarketing und stehen an mehreren Orten in Fulda. #spielmichfulda

........................................................................
● Löherstraße, 36037 Fulda, www.loeherstrasse.blogspot.com
● ÖPNV: Bus 3 (Maberzell, Bimbach), Haltestelle Robert-Kircher-Straße

# Perfekter Picknickplatz

## Barockgarten der Propstei Johannesberg

Decke ausbreiten, Antipasti und Wein bereitstellen und erst mal hinlegen und den Blick in den freien Himmel genießen: Ein Picknick ist eine der besten Belohnungen für einen langen Arbeitstag. Ob alleine, als Familie oder mit Freunden. Wer in Fulda ein schönes Plätzchen für eine Draußenmahlzeit sucht, denkt wahrscheinlich an den Schlosspark, die Fuldaauen, den Frauenberg oder an den Park von Schloss Fasanerie. Merkwürdigerweise haben die Fuldaerinnen und Fuldaer eine besonders zauberhafte Picknickstelle nicht so richtig im Blick: den Barockgarten der Propstei Johannesberg. Dabei hat der Ort alles zu bieten, was einen perfekten Platz für eine Mahlzeit im Freien ausmacht: große Wiesen, schattige Obstbäume, einen weiten Ausblick und eine romantisch-historische Kulisse. Zudem liegt das Schloss direkt am R1 und ist auch mit dem Rad gut zu erreichen.

Die Propstei Johannesberg ist mehr als 1000 Jahre alt und wurde einst von Abt Rabanus Maurus als Nebenkloster der Abtei Fulda gegründet. Die dazugehörige Kirche St. Johannes der Täufer bildet mit den Kirchen der anderen Nebenklöster Petersberg, Andreasberg und Frauenberg das „Fuldaer Kirchenkreuz", in dessen Zentrum – natürlich! – der Dom liegt. Typisch Barock spielten geometrische Formen und symmetrische Achsen bei der Gestaltung der Gartenanlage eine große Rolle. Ausgehend von der Kirche führt eine Längsachse über zwei Terrassen den Hang hinab bis zu einem Wassergraben. Zauberhaft, die vielen Pavillons, Statuen, Balustraden und der sternförmige Brunnen. Der Obelisk im Herzen des Gartens ist den vier Jahreszeiten, den vier Himmelsrichtungen und den ihnen zugeschriebenen vier Winden gewidmet.

Wer nicht nur auf der Wiese liegen und schmausen, sondern auch die wunderschöne Schlossanlage erkunden möchte, findet am Garteneingang ein Kästchen mit Beschreibungen für eine 75-minütige Audiotour. Diese führt an 13 Stationen entlang durch die komplette Propstei und kann mit dem eigenen Smartphone angehört werden.

---

- Propstei Johannesberg, Propsteischloss 2, 36041 Fulda, Tel. (06 61) 9 41 81 30 www.propstei-johannesberg.de
- ÖPNV: Bus 7 (Istergiesel), Haltestelle Johannesberg Propstei

# Schatzkiste für Bücherfans

## Hochschul- und Landesbibliothek Fulda

Es soll Menschen geben, die jeden Tag hierherkommen. Um Zeitung zu lesen, im Internet zu surfen, zu lernen oder nach neuem Lesestoff Ausschau zu halten. Eigentlich eine gute Idee, denn eine Bibliothek gehört doch zu den stillsten, friedlichsten und horizonteröffnendsten Orten der Welt.

Durch ihre Modernität und zugleich Gemütlichkeit gehört die Hochschul- und Landesbibliothek Fulda zu den besonders gelungenen Exemplaren der Bibliothekslandschaft. Als einzige Bibliothek in Hessen fungiert sie als Hochschul-, Landes- *und* Stadtbibliothek und verfügt daher über ein ausgesprochen breites Medienangebot. Die HLB hat zwei Standorte: einen am Hochschulcampus und einen, um den es gehen soll, direkt in der Stadt am Heinrich-von-Bibra-Platz.

Das nach außen eher kühl wirkende Gebäude begrüßt seine Besucherinnen und Besucher mit einem freundlichen Innenleben. Schon im Eingangsfoyer machen eine Leseecke, eine interaktive Haptothek zur Buchgeschichte der letzten 1500 Jahre sowie eine Vitrinenausstellung Lust auf das Thema Literatur.

Wer mit Kindern unterwegs ist, hält sich gleich rechts und geht die lange Treppe zur Kinder- und Jugendbuchabteilung hinunter. Aber Achtung: Hier kommt man so schnell nicht mehr weg!

Überall laden Sitzsäcke dazu ein, sich ein Buch zu greifen und über Stunden darin zu verschwinden. Bodennahe Holzkisten mit Bilderbüchern machen es auch den Kleinsten leicht, sich ein Buch ihrer Wahl selbst auszusuchen. Gut fürs Selbstbewusstsein und die Lesekompetenz! Im hinteren Bereich der Ebene finden Veranstaltungen für Schulklassen und Kitagruppen statt, zum Beispiel das beliebte Bilderbuchkino. Dabei wird ein Buch laut vorgelesen und durch Dias visualisiert.

Zurück im Erdgeschoss trifft man gleich auf das Lesecafé mit einer großen Auswahl an aktuellen Zeitungen und Zeitschriften. Dort kann man sich auch einen Kaffee nehmen und Energie tanken für die vielen Räume und Regale voller Bücher, die noch entdeckt werden möchten.

> **TIPP**
> Die HLB bietet „Actionbound" – eine kostenlose Handyrallye durchs Gebäude mit Infos und Rätseln.

- Hochschul- und Landesbibliothek Fulda, Heinrich-von-Bibra-Platz 12, 36037 Fulda, www.hs-fulda.de/hlb
- ÖPNV: Bus 8 (Niesig), Haltestelle Fulda Kurfürstenstraße

# Hier wohnt das Glück

## Das Glückswerk in der Marktstraße

Die meisten Kundinnen und Kunden – so heißt es – verlassen das Glückswerk mit besserer Laune, als sie es betreten haben. Warum das so ist, erklären die Inhaberinnen Helen Schäfer und Natascha Zinkand. Ihr kleiner Laden in der Altstadt von Fulda bietet eben alles, was glücklich und das Leben schöner macht: Dekoration, Geschirr und Textilien für ein gemütliches Zuhause. Geschenkartikel und Mitbringsel, um anderen Menschen eine Freude zu bereiten. Und mit Sorgfalt ausgewählte kulinarische Besonderheiten wie Liköre oder feine Schokoladen zum Verschenken oder Selbergenießen.

Die allermeisten Produkte im Laden seien in Fulda einmalig. Entweder weil sie von besonderen Labels und kleinen Manufakturen wie Eulenschnitt oder Greengate stammen oder weil sie handgemacht sind. Und zwar von den Inhaberinnen selbst. Helen kreiert in ihrer Ideenwerkstatt personalisierte Kissen und Wärmeflaschen sowie Emailletassen, während Natascha Handlettering-Postkarten und Drahtfiguren in Bilderrahmen oder zum Aufstellen zaubert – tolle Geschenke für jeden Anlass wie Taufen, Kommunionfeiern oder Hochzeiten. Zu jeder Gelegenheit stellt das Glückswerk-Team Geschenksets zusammen, etwa aus Geschirrtüchern, Kaffeebechern und Pralinen.

Stimmungsaufhellend ist auch die Atmosphäre im Geschäft, denn die Frauen haben einfach Spaß dabei, neue Produkte für ihren Laden aufzuspüren und ihre Gäste auf der Suche nach dem passenden Stück zu beraten. Immer häufiger geht es dabei auch um Feinkost, denn dieses Sortiment wächst stetig und umfasst mittlerweile neben Gewürzen, Ölen, Balsamicos und Saucen 16 verschiedene Sorten Gin. Auch die kunterbunten Designgießkannen, die Duftkerzen von Candle Factory und die Sprüchefußmatten gehen häufig über die Theke.

Der Laden selbst liegt in einem rosa Häuschen an der Ecke Marktplatz/Buttermarkt und damit nicht nur mitten in der Fußgängerzone, sondern auch mitten im Geschehen. Ein Glücksgriff für Helen und Natascha.

## TIPP

Neben dem Glückswerk liegt Chaang Noi, der Lieblings-Thailänder vieler Fuldaer. Unbedingt reservieren!

- Glückswerk, Marktstraße 26, 36037 Fulda, www.glueckswerk-fulda.de
- ÖPNV: Bus 3 (Maberzell, Bimbach), Haltestelle Robert-Kircher-Straße

# Läuft!

## Wanderung vom Haselsee zum Turm Via Regia

Der Aussichtspunkt Via Regia mit seinem markanten Turm und dem weiten Blick in die Landschaft der Vorderrhön ist das Ziel unserer Wanderung. Doch zuerst widmen wir uns dem Haselsee in Hünfeld, wo wir parken und schon viel erleben können. Eine Rarität im Landkreis Fulda ist der Bootsverleih, denn nirgendwo sonst kann man sich Tret- und Ruderboote ausleihen und eine kleine Tour auf dem See unternehmen. Es lohnt sich, die Füße noch mal im kühlen Wasser baumeln zu lassen, bevor die 7,5 Kilometer lange Wanderung startet.

Zu Beginn treffen wir auf mehrere Skulpturen des Grimms Märchen-Rundweges, der um den Haselsee führt und von verschiedenen Künstlern gestaltet wurde. Neben dem lesenden Mädchen Nina gibt es auch Skulpturen vom Froschkönig, dem Rumpelstilzchen oder den Bremer Stadtmusikanten. Statt dem märchenhaften Rundweg um den See zu folgen, gehen wir durch die Haselaue vorbei an Wiesen und Feldern in Richtung der Ortschaft Großenbach und von dort hinauf zum Aussichtsturm Via Regia. Unterwegs treffen wir auf einen Bienenlehrpfad mit mehreren Insektenhotels, Lehrtafeln und begehbaren Holzskulpturen.

**TIPP**

Wer die Wanderung auf 10,6 Kilometer verlängern möchte, folgt der Beschilderung „Extratour Weinberg".

Der Anstieg auf den künstlich angelegten und 400 Meter hohen Rößberg zieht sich etwas, wird aber mit einem wunderschönen Ausblick in die Landschaft belohnt. Noch besser wird die Sicht vom 7,5 Meter hohen Aussichtsturm Via Regia – einer mächtigen Konstruktion aus Metall und Stahl, deren Name an die gleichnamige historische Handelsstraße erinnert, die man von hier überblicken kann. Ein herrlich weiter Blick erschließt sich bis zu den Neuhofer Bergen, ins Haunetal und nach Burghaun über die Berge des Hessischen Kegelspiels. In einem weiten Bogen nach Süden und dann Westen kehren wir an den Haselsee zurück. Vielleicht bleibt ja noch Zeit für einen Abstecher zum Kinderspielplatz in der Freizeitanlage Haselsee oder für Kaffee und Kuchen auf der Terrasse vom Café am Haselsee. Verdient wäre es!

- Freizeitanlage am Haselsee, Zum Haselsee, 36088 Hünfeld
- ÖPNV: RB5 (Kassel), Bahnhof Hünfeld, dann Bus 70 (Eiterfeld), Haltestelle Hünfeld Rasdorfer Straße plus 13 Minuten Fußweg

# Noch fünf, vier, drei ...

## 51 Training bei Urbanic Fitness

Rückenschmerzen, zu viele Kilos, Lust auf etwas Neues: Das sind Gründe, die Claus Pieper immer wieder hört, wenn Menschen zum ersten Mal in seine Urbanic Fitness Lounge kommen. Das kleine Fitnessstudio liegt am Rand der Fuldaer Innenstadt in einem eigenen Gebäude auf dem Parkplatz des Josefsgartens und ist auf Elektro-Muskel-Stimulation spezialisiert. Das bedeutet, die Kundinnen und Kunden trainieren auf speziellen Trainingsgeräten und tragen dabei eine Art Anzug, über den einzelne Muskelgruppen während des Workouts mit einem schwachen elektrischen Impuls stimuliert werden. 4 Sekunden anspannen, 4 Sekunden lockern: Durch den zusätzlichen Reiz soll sich die Muskulatur schneller aufbauen als beim normalen Krafttraining und selbst tiefliegende Muskeln sollen gezielt aktiviert werden. Deswegen können hier auch Menschen mit wenig Zeit oder besonderen Anforderungen gut trainieren, etwa nach einem Bandscheibenvorfall. Und weil die Welt voll ist von Fitnessstudiomitgliedern, die nur sehr selten oder sogar nie vorbeikommen, setzt Claus auf feste Termine und ein persönliches Training. Außer bei den Gruppenkursen hat man immer eine Eins-zu-eins-Betreuung und wird zusätzlich ausführlich beraten, auch zum Thema gesunde Ernährung.

Das Ambiente bei Urbanic Fitness ist ausgesprochen persönlich und auch ausgesprochen hübsch: Viel Schwarz-Weiß, eine schicke Einrichtung und charmante Turnmöbel aus den 1970er-Jahren schaffen ein einzigartiges Flair – irgendwas zwischen edel, lässig und trendig. Nach dem Training kann man einen leckeren frisch gepressten Saft trinken, in der Sitzecke mit dem nächsten Gast ins Gespräch kommen oder auf der Sommerterrasse ausspannen.

Wer also schon immer mal Elektro-Muskel-Stimulation ausprobieren wollte oder endlich ein verbindliches Fitnessstudio zum Wohlfühlen sucht, kann sich unkompliziert bei Claus und seinem Team melden und einfach zum Schnuppern vorbeikommen.

● Urbanic Fitness, Von-Schildeck-Straße 15 A, 36043 Fulda, www.urbanic-fitness.de
● ÖPNV: Bus 4 (Pilgerzell), Haltestelle Fulda Brauhausstraße

# Gemeinsam gärtnern

## Die Zeppelingärten am Umweltzentrum

Zusammen mit fremden Menschen einen Garten bewirtschaften und das auch noch ökologisch und mitten im städtischen Umfeld – kann das funktionieren? Kann es! So zumindest zeigt es die Erfahrung der Mitgliederinnen und Mitglieder von den Zeppelingärten, einem Projekt des Fördervereins Kultur und Umweltbildung. Die Gruppe belebt brachliegende Flächen in Fulda, um dort Gemüse, Obst und Kräuter anzubauen.

Hauptwirkungsstätte ist ein alter Apothekergarten direkt in den Fuldaauen neben dem Umweltzentrum. Hier baut die Gemeinschaft die verschiedensten Fruchtsorten an, von der Ackerbohne bis zur Zucchini. Bereits im Frühjahr wird zusammen ein Pflanzplan erstellt und entschieden, was wo ausgesät wird. Auch außergewöhnliche Arten wie der kenianische Kohl Sukumawiki, der in unseren Breitengraden bestens gedeiht und ähnlich wie Mangold verarbeitet wird, stehen auf der Liste. Die Gemeinschaft versteht sich als Lerngemeinschaft, und so müssen die Helferinnen und Helfer keinerlei Erfahrung im Gärtnern mitbringen. Wer sich allerdings auskennt, darf sein Wissen gerne teilen. Überhaupt geht es viel ums Teilen, denn jeder bringt sich nach seinem Gusto in die Arbeit ein und erntet auch so viel, wie er oder sie es als angemessen empfindet. Man muss kein Mitglied sein, um mitzugärtnern. Während der Saison finden montags ab 18 Uhr Gartenbesprechungen statt und samstags ab 12 Uhr das gemeinsame Gärtnern. Auch unter der Woche sind immer einige im Garten zugange und helfende Hände jederzeit willkommen!

Doch nicht nur die liebevoll und kreativ gestalteten Beete und das Gewächshaus der Zeppelingärten sind einen Besuch wert, sondern auch das Umweltzentrum direkt nebenan. Hier treffen sich Menschen, die sich aktiv für den Schutz von Klima, Artenvielfalt, Umwelt und Natur einsetzen. Dazu werden verschiedenste Veranstaltungen, Projekte und Märkte umgesetzt – von der Schnippeldisko über die Kleidertauschparty bis zum Herbstbasar.

### TIPP
Das Bistro am Umweltzentrum ist ein gemütlicher Minibiergarten für Eis, Kaffee und kleine Speisen.

● Zeppelingärten und Umweltzentrum, Johannisstraße 44, 36041 Fulda
www.zeppelingaerten.de, www.umweltzentrum-fulda.de
● ÖPNV: Bus 7 (Istergiesel), Haltestelle Fulda Stadion

# Nah am Wasser gebaut

## Die Waldgaststätte Praforst in Hünfeld

„Die Hochzeit war im Praforst?" Erzählt man von Festen in der Hünfelder Waldgaststätte der Familie Zuspann, reagieren viele Fuldaerinnen und Fuldaer leicht ehrfurchtsvoll. Steht das Restaurant doch für eine gehobene und ausgesprochen köstliche Küche sowie ein wunderschönes Ambiente.

Schon die Lage hat es in sich: Das Haus liegt direkt an einem See und hat eine große Holzterrasse, die bis ans Wasser reicht. Hier sitzen die Gäste unter hohen alten Bäumen und können die ländliche Ruhe zwischen einem Golf- und einem Campingplatz genießen. Auch die Gasträume im Inneren des Gebäudes schaffen den Spagat zwischen Moderne und Beständigkeit perfekt – mit einem Kamin, Fotowänden voll alten Erinnerungen, opulenten Blütentapeten und schicken Accessoires.

Bei besonderen Events wie Hochzeiten oder den „Küchenpartys" dürfen die Besucherinnen und Besucher sogar die Küche betreten und sich dort das Essen direkt zusammenstellen lassen. Schnell wird klar, mit welcher Leidenschaft und welchem Handwerksgeschick die Köche am Werk sind – mal deftig-rustikal, mal edel-erlesen. Die Basis sind hochwertige Produkte, die vorzugsweise aus der Region stammen und immer mit viel Bedacht ausgewählt sind. Selbst schlichte Vorspeisen wie die „Schale voller Glück" mit mediterranem Bauernbrot, Olivenöl und Meersalz sind im Praforst zum Hineinlegen.

Kulinarische Events sind eine Spezialität der Familie Zuspann, der die Ideen nicht auszugehen scheinen. Immer wieder lädt sie zu kulinarischen Reisen ein, wie dem Aromen- oder dem Vier-Jahreszeiten-Dinner, den Sushi-Abenden und dem Fleisch- oder Whisky-Tasting. Exkursionen in die Haute Cuisine mit Gastköchen aus dem Ausland bereichern das Angebot, während das „Chill & Grill" mit italienischen Köstlichkeiten und Livemusik zu den Klassikern gehört. Als einer der wichtigsten Caterer der Region ist „Zuspann à la carte" auch auf den großen Fuldaer Festen wie den Genusswochen im Schlosshof oder dem jährlichen Weinfest mit einem Stand vertreten.

> **TIPP**
> Nebenan liegt der Golfclub Hofgut Praforst, eine von wenigen 27-Loch-Golfanlagen in Deutschland.

- Waldgaststätte Praforst, Dr.-Detlev-Rudelsdorff-Allee 2-4, 36088 Hünfeld
  www.zuspann.de
- ÖPNV: RB5 (Kassel), Bahnhof Hünfeld, dann Bus 73 (Michelsrombach), Haltestelle Praforst

# Das Zentrum von Fulda

 Der Universitätsplatz in der Innenstadt

Fulda hat viele schöne Plätze – etwa den Gemüsemarkt oder den Buttermarkt. Der Platz aller Plätze allerdings ist der Universitätsplatz. Das liegt vor allem an seiner zentralen Lage mitten im Herzen von Fulda zwischen dem Ende der Bahnhofstraße und dem Beginn der mittelalterlichen Altstadt. Zugleich bietet der „Uniplatz" neben dem Domplatz die größte freie Fläche im Kerngebiet und ist damit prädestiniert für Veranstaltungen aller Art. Rund ums Jahr finden Events statt, zum Beispiel Kinderflohmärkte und Demonstrationen, ein Teil des Weihnachtsmarktes und des Stadtfestes oder die großen Sommer-Open-Air-Konzerte mit Stars wie Gentleman, Mark Forster oder Nena. Seit jeher treffen sich zu jedem Ferienanfang hier auch die Schülerinnen und Schüler sämtlicher Fuldaer Schulen, um gemeinsam zu feiern und auf die schulfreie Zeit anzustoßen. Ein echtes Happening.

Vom Bahnhof kommend, empfängt der Platz seine Gäste mit einem kleinen Platanenhain, Sitzbänken und einem in den Boden integrierten Musikinstrument. Für viele Kinder gehört es zu einem Stadtbesuch unbedingt dazu, dem sogenannten „Klingklang" durch das Springen von Feld zu Feld Töne zu entlocken. Im Sommer können sich die Kleinen beim Wasserspiel – einem ebenerdigen Feld mit neun sprudelnden Fontänen – erfrischen. Aber Achtung: Die Wasserstrahlen folgen keiner festen Reihenfolge und können die Kinder jederzeit erwischen, was natürlich besonders lustig ist. Neben dem begrünten Ruhebereich bietet die Bäckerei Pappert Kaffee, Kuchen und belegte Ciabatta im Freien.

Namensgeber des Universitätsplatzes ist ein prächtiges gelbes Gebäude an seinem südöstlichen Rand, das als Universität errichtet wurde und in dem heute eine Grundschule untergebracht ist. Denn ja, Fulda war im 18. Jahrhundert sogar einmal Universitätsstadt, wenn auch nur knappe 70 Jahre lang. Das Ende des heutigen Uniplatzes markiert das auffällige Galeria-Gebäude mit seinem Glaskubus aus den 1960er-Jahren.

● Universitätsplatz, 36037 Fulda, www.fulda.de
● ÖPNV: Bus 4 (Pilgerzell), Haltestelle Fulda Universitätsplatz

# Grünes Herz

 Der Fuldaer Schlossgarten

Sehenswürdigkeiten anschauen, durch kleine Läden bummeln, Museen besuchen: Ein Tag in Fulda kann aufregend sein. Einen ruhigen Platz zum Durchschnaufen und Gedankensortieren nach den vielen Erlebnissen findet man in den Weiten des Schlossgartens, der in direkter Nachbarschaft zu Dom und Stadtschloss liegt. Wobei: Auch hier gibt es wieder so viel zu entdecken!

Der 300 Jahre alte Residenzgarten erstreckt sich auf mehreren Ebenen von der Pauluspromenade bis zur Kurfürstenstraße und ist geprägt von den spätbarocken Gestaltungselementen und Akzenten eines englischen Gartens. Große Wiesenflächen, hohe Bäume, alte Brunnen und ein symmetrisches Wegenetz prägen das Bild. An jeder Ecke blüht es: Es gibt unzählige Beete, die mehrmals im Jahr mit großem Aufwand neu bepflanzt werden und deren prachtvolle Choreografie beeindruckend ist. Auf den akkurat gepflegten Rasenflächen dürfen auch Wildblumen wie Margeriten und seltene Tulpen stehen bleiben und am großen Teich wachsen Seerosen, Storchschnabel und Lilien um die Wette. Ein Holzdeck mit Sitzflächen direkt am Wasser lädt dazu ein, den Ausblick zu genießen, zu picknicken oder sich gemütlich zu unterhalten. Beim letzten Umbau hat die Stadt den Weiher so angelegt, dass er im Winter als Eisbahn zum Schlittschuhlaufen oder Eishockeyspielen benutzt werden kann. Was für eine zauberhafte Idee!

Im Sommer zieht es die Besucherinnen und Besucher zum Rosarium im hinteren Teil des Schlossgartens, dessen Beete mit alten Rosensorten und Lavendel einen intensiven Duft versprühen. Im Herbst hingegen hat die bunt gefärbte Kastanienallee auf der Rückseite des Stadtschlosses Hauptsaison, vor allem bei kleinen Kastaniensammlern.

Besonders sympathisch ist, dass der Park trotz aller gärtnerischer Perfektion belebt ist und von den Fuldaerinnen und Fuldaern rege genutzt wird. Jugendliche, Studierende und Familien bevölkern die Wiesen, Sportlerinnen und Sportler treffen sich zu Boule, Tai-Chi oder Yoga. Fuldas grünes Herz schlägt eben für alle!

..........................................................................
● Schlossgarten mit Teich, Pauluspromenade, 36037 Fulda
www.tourismus-fulda.de
● ÖPNV: Bus 6 (Steinhaus Brücke), Haltestelle Fulda Kurfürstenstraße

# Make your Beans come true

## Reinholz Kafferösterei im Steinweg

„Zwei Mal 500 Gramm Pablo fürs Herdkännchen zum Mitnehmen und einen Espresso Macchiato mit Hafermilch zum Hiertrinken, bitte." Mein regelmäßiger Einkauf bei der Reinholz Kaffeerösterei fühlt sich ein bisschen an wie „Täglich grüßt das Murmeltier". Die Bestellung ist immer die gleiche – bei diesem großartigen Geschmack bloß keine Experimente! – und auch auf das freudige Strahlen von der anderen Seite der Theke kann ich mich immer verlassen. Das Team um Kaffeesommelier Heiko Reinholz ist sehr zuverlässig gut gelaunt und ehrlich begeistert von gutem Kaffee. Natürlich laden die Mitarbeiterinnen und Mitarbeiter hin und wieder dazu ein, die neuesten Kaffee- oder Espressokreationen zu probieren, denn das Sortiment wird stetig weiterentwickelt und perfektioniert. Doch die Treue zur Lieblingssorte können sie bestens nachempfinden.

Reinholz-Kaffee wird jeden Tag frisch in Fulda geröstet, und zwar per Hand im traditionellen Trommelröster. Dort werden die Bohnen langsam und schonend erhitzt, was Säure und Bitterstoffe reduzieren und Geschmack und Aroma voll entfalten soll. Den Rohkaffee kauft Heiko Reinholz direkt von den Erzeugerinnen und Erzeugern. So kann er nicht nur die Qualität sichern, sondern auch dafür sorgen, dass das Geld an der richtigen Stelle landet: bei den Menschen vor Ort.

Gäste im Reinholz sollten unbedingt länger bleiben als nur auf einen Espresso. Das Ladencafé liegt direkt in der Fußgängerzone und ist ein echter Glücksort. Draußen schmiegen sich kleine Tischchen an das gegenüberliegende Museumsgebäude. Drinnen gibt es zwischen viel Holz, Sichtbeton und Regalen voll Kaffeespezialitäten und Zubehör gemütliche Sitzmöglichkeiten. Mit filigranen Farben, Leuchten und Accessoires hat die Fuldaer Inneneinrichterin Julia Ballmaier unverwechselbare Akzente gesetzt. Übrigens: Freitags und samstags hat die Reinholz-Manufaktur mit Café und Werksverkauf im Areal Am Rhönbad in Bronnzell geöffnet. Ein Traum für alle Kaffeefans!

**TIPP**
Die Fuldaer Interior-Stylistin Julia Ballmaier hat einen eigenen Blog: www.myhomeismyhorst.de.

- Reinholz Kaffeerösterei, Steinweg 18, 36037 Fulda, www.reinholz-kaffee-shop.de
- ÖPNV: Bus 4 (Pilgerzell), Haltestelle Fulda Universitätsplatz

# Ein Turm im Vorgarten

## Spaziergang im Villenviertel am Frauenberg

Rund um den Frauenberg, auf dessen Kuppe das gleichnamige Kloster mit seiner Kirche und Parkanlage thront, gibt es viele romantische Villen zu bestaunen. Das Wohnviertel liegt nordwestlich der Fuldaer Innenstadt und ist zu Fuß in wenigen Minuten vom Dom aus zu erreichen. Wie an einer Perlenschnur reihen sich prächtige Wohnhäuser in unterschiedlichsten Baustilen und auf weitläufigen Grundstücken aneinander – darunter zehn frei stehende Gründerzeitvillen mit einem ganz eigenen Charme. Die Lage am Berghang ermöglicht zum Teil einen ungestörten Blick auf die Stadt oder das Fuldatal und ist geprägt von einem alten Baumbestand.

Entstanden ist das Villenviertel zu Beginn des 20. Jahrhunderts, als wohlhabende Bürgerinnen und Bürger den Grüngürtel unterhalb des Klosters Frauenberg besiedelten. Die meisten Gebäude sind heute vorbildlich restauriert und liebevoll gepflegt. Ein Schmuckstück ist die Villa Wegener im Gerloser Weg, die der Fuldaer Baumeister Karl Wegener 1904 errichten ließ und als eigenes Domizil nutzte. Die fast märchenhafte Jugendstilvilla ist bis ins Detail originalgetreu erhalten, wofür sie mit dem hessischen Denkmalpflegepreis ausgezeichnet wurde. Die antike Turmruine unter einem üppigen Walnussbaum im Vorgarten ist in der Region sicher einmalig.

Vier weitere Villen von Karl Wegener finden sich im Viertel, wie die Villa Grüneck im Gerloser Weg 1 oder das ehemalige Jüdische Altenheim in der Von-Schildeck-Straße 10. Der kreative Baumeister gehörte 1895 übrigens zu den ersten Besitzern eines Telefonanschlusses in Fulda: Nach der Stadtverwaltung, der Wachswarenfabrik und dem Hotel Kurfürst folgte Karl Wegener – er hatte die Telefonnummer 7 – ein Funfact, der die Bedeutung des Fuldaers verdeutlicht.

Besucherinnen und Besucher können eine Tour durch das begehrteste und teuerste Wohnviertel Fuldas an der Villa Wegener starten und sich einfach treiben lassen durch den Gerloser Weg, die Parkstraße, die Von-Schildeck-Straße sowie die Marien- und Elisabethenstraße.

> **TIPP**
> Das Flora Klostercafé auf dem Frauenberg ist nur einen Katzensprung entfernt.

- Villa Wegener im Villenviertel, Gerloser Weg 5, 36039 Fulda
- ÖPNV: Bus 1 (Fulda Pozzistraße), Haltestelle Fulda Frauenberg

# Versteckte Kleinode

## Fuldas Innenhöfe mit Cafés und Läden

Hinter den Häuserfassaden versteckt, liegen in der Fuldaer Innenstadt einige Innenhöfe mit viel Potenzial zum echten Glücksort. Manche der malerischen Kleinode sind in den vergangenen Jahren zu neuem Leben erwacht und werden zunehmend für Besucherinnen und Besucher geöffnet. Andere sind schon immer Orte der Begegnung.

Herrlich ruhig – und noch ein echter Geheimtipp – ist der Hinterhof am Severiberg 1. Mitten im alten Handwerkerviertel Fuldas und neben der barocken Severikirche nutzt das antonius LadenCafé den Innenhof als idyllische Außenterrasse. Gäste sitzen wunderbar geschützt, das inklusive Team serviert hausgemachte Kuchen oder Snacks und für Kinder gibt es eine Spielecke. In einem kleinen Lädchen kann man handgemachte Produkte aus Holz, Keramik und Textil kaufen oder den Mitarbeitenden beim Stuhlflechten, einem aussterbenden Handwerk, über die Schulter schauen.

Ein echter Zaubergarten ist der Innenhof der Kunstschmiede Bernhardt in der Schlachthausgasse 11. Das charmante Anwesen grenzt direkt an die historische Stadtmauer und dient als Privatgarten der Familie sowie als öffentliche Ausstellungsfläche für die Schmiede und die Galerie Kunst im Kutscherhaus. Überall stehen Gartenmöbel aus Eisen, handgeschmiedete Pavillons und Accessoires aus Eisen und Kupfer sowie Skulpturen und Figuren von verschiedenen Künstlerinnen und Künstlern. Die stilvolle Kombination von Gartenkunst und Kunsthandwerk ist eine Oase mitten in der Stadt. Nicht nur ein Hinterhof, sondern gleich ein ganzer Klostergarten versteckt sich hinter den Mauern der Nonnengasse 16. Fernab vom Trubel der Stadt – und trotzdem mittendrin – bauen die Benediktinerinnen der Abtei zur Heiligen Maria hier auf 2000 Quadratmetern Kräuter, Obst und Gemüse an und pflegen einen frühmittelalterlichen Heilkräutergarten. Jeden Samstag öffnen die Schwestern die Gartentüren für Interessierte, zwei Mal die Woche bieten sie eine Gartensprechstunde an und im Klosterladen verkaufen sie hausgemachte Marmeladen, Tees und Gewürze.

> **TIPP**
> Kulinarik und Kultur in den Innenhöfen bietet die Veranstaltungsreihe „Pausen, Höfe und Genüsse".

---

● antonius LadenCafé, Severiberg 1, 36037 Fulda
Kunstschmiede Bernhardt, Schlachthausgasse 11, 36037 Fulda
Klostergarten Abtei zur Heiligen Maria, Nonnengasse 16, 36037 Fulda
● ÖPNV: alle Stadtbusse, Haltestelle Stadtschloss (LadenCafé 4 Minuten, Kunstschmiede 7 Minuten, Klostergarten 2 Minuten Fußweg)

# Moderne trifft Tradition

## Auf dem Campus der Hochschule Fulda

Uralte Kirchen und Klöster, opulente Barockbauten und schmuckes Fachwerk: Davon kann man in Fulda nicht genug bekommen. Doch Fulda kann auch zeitgemäß bauen, das jedenfalls zeigt sich bei einem Spaziergang über das Hochschulgelände im Norden der Stadt.

Nach dem Motto „Campus der kurzen Wege" befinden sich fast alle Einrichtungen der Hochschule Fulda auf dem Areal zwischen Leipziger Straße, Moltkestraße und Daimler-Benz-Straße. Fünf Gebäude haben eine neogotische Backsteinfassade und stehen unter Denkmalschutz. Ursprünglich wurden sie als Kaserne für das preußische Reiterregiment genutzt. Ebenso unter Denkmalschutz stehen die in den 1930er-Jahren errichteten Häuser der Bleidorn-Kaserne entlang der Leipziger Straße, in denen der Bundesgrenzschutz untergebracht war. Seit 2013 prägen allerdings auch mehrere architektonisch spannende Neubauten wie die Hochschul- und Landesbibliothek, die Mensa und das Student Service Center das Bild des Campus. Ihre Fassaden aus Muschelkalk strahlen Ruhe und eine zeitlose Modernität aus. So entsteht ein harmonisches Zusammenspiel aus Tradition und Moderne.

Zwischen den Neubauten liegt das Herzstück des Campus: ein großer Platanenhain, der mit 300 Sitzplätzen unter dichten Bäumen zum Entspannen einlädt. Hier kann man Kaffee trinken oder zu Mittag essen, lesen und lernen, eine kreative Pause machen oder Freunde und Bekannte treffen. Denn trotz ihrer mittlerweile fast 9300 Studierenden wirkt die Hochschule Fulda (University of Applied Sciences) auch weiterhin familiär. Man kennt sich und trifft sich – gerne auch in der schönen Außenanlage des Campus, die die Gebäude der verschiedenen Zeitepochen geschickt miteinander verbindet und viele grüne Areale, Begegnungsstätten und Sitzgelegenheiten bietet. Direkt gegenüber der Bibliothek lädt eine modellierte Rasenfläche mit Hügeln, Bäumen und fest installierten Hängematten ein, auszuspannen und frische Luft zu tanken. Hängematten? Irgendwie muss man diese Hochschule einfach mögen!

- Hochschule Fulda, Leipziger Straße 123, 36037 Fulda, www.hs-fulda.de
- ÖPNV: Bus 6 (Richtung Lehnerz), Haltestelle Hochschule

# Eine sichere Bank

## Das Café Ideal in der Rabanusstraße

Wer eine Gastronomie eröffnen möchte, kann von Räumen wie diesen nur träumen: Das Café Ideal befindet sich zwischen Busbahnhof und Universitätsplatz im Erdgeschoss eines prächtigen Renaissancebaus, der als Reichsbank errichtet und später als Landeszentralbank genutzt wurde. Der bankhallengroße Raum mit seinen imposanten Steinsäulen und kunstvollen Stuckdecken verströmt noch immer das Flair eines Geldhauses aus dem Jahr 1901. Ideal-Geschäftsführerin Aynur Kiniki und ihr Team nutzen dieses historische Setting in vollen Zügen und lockern es durch moderne Elemente wie Leuchten oder Wandgrafiken auf.

Neben den beeindruckenden Räumlichkeiten und der herzlich-entspannten Stimmung ist es vor allem das zuverlässig gute Angebot, das das „Ideal" für viele Fuldaerinnen und Fuldaer zur Lieblingslocation macht. Vormittags gibt es ein Frühstücksbüffet, das von Pfannkuchen bis Antipasti keine Leckereien auslässt. Der Mittagstisch ist – wie alle Speisen auf der Karte – immer frisch gekocht und auch vegetarisch erhältlich (unbedingt die Quiche mit Salat bestellen!). Und die extragroßen Kuchen und Torten, die immer häufiger auch zum Mitnehmen oder für Feste bestellt werden, sind das Markenzeichen des Hauses.

Je nach Anlass werden die vielen Holztische des Cafés einzeln gestellt, zu langen Tafeln verbunden oder ganz aus dem Saal verbannt. Zum Beispiel, wenn bei der Clubnight DJs auflegen und das Ideal zur großen Tanzfläche wird. Auch Hochzeiten, Poetry Slams und andere offene oder geschlossene Veranstaltungen finden regelmäßig statt. Tagsüber Café, abends Restaurant, nachts Bar: Mit diesem Mix gelingt dem Ideal ein anspruchsvoller Spagat. In den warmen Monaten verwandelt sich der Außenbereich neben dem Gebäude sogar noch in einen Biergarten mit Kinderspielplatz und Sitzgelegenheiten unter Bäumen. Auch hier kann man sich rundum wohlfühlen. Das Ideal ist eben in jeglicher Hinsicht eine sichere Bank.

..........................................................................

● Ideal Café | Restaurant | Bar, Rabanusstraße 12, 36037 Fulda, Tel. (06 61) 2 23 34
www.ideal-fulda.de
● ÖPNV: alle Stadtbusse, Haltestelle Stadtschloss

# Fast keine ist älter

 Michaelskirche direkt neben dem Dom

Die Frage nach dem Alter von Kirchen ist oft schwierig zu beantworten, denn viele Gotteshäuser wurden im Laufe der Jahrhunderte stetig verändert, erweitert, zerstört und wiederaufgebaut. Beim Trierer Dom herrscht Einigkeit: Die Kathedrale gilt als die älteste Kirche Deutschlands. Den Titel als zweitälteste Kirche trägt – Trommelwirbel – die Michaelskirche Fulda. Das Gotteshaus steht nahe dem Dom auf dem Michaelsberg und wurde zwischen 819 und 822 als Totenkapelle des Klosters Fulda im karolingischen Baustil errichtet.

Aus dieser Zeit ist allerdings ausschließlich die Krypta der Michaelskirche erhalten geblieben, weswegen es nun doch hin und wieder Diskussionen über Platz zwei auf dem Alterstreppchen gibt. Die Kirche, die man außen sieht, wurde erst im Jahr 1096 geweiht. Korrekterweise müsste man also die Krypta selbst als „zweitältesten, noch heute genutzten Kirchenraum Deutschlands" bezeichnen. Weil das allerdings etwas komplizierter ist, wird die Michaelskirche verallgemeinernd die zweitälteste Kirche Deutschlands genannt. Falsch ist das zumindest nicht.

Doch Alter hin oder her: Die Michaelskirche gehört auf jeden Fall zu den bedeutendsten Sakralbauten Deutschlands und gilt als frühester Nachbau der Grabeskirche von Jesus Christus in Jerusalem. Von außen eine eher schlichte Saalkirche, hat das Gebäude im Inneren einen ganz eigenen mystischen Charme, den man in Ruhe genießen sollte. Gäste betreten das Kirchlein durch eine Tür im Turm und erblicken direkt den besonderen Bau um den runden (!) Altarraum, der auf acht Säulen ruht. Die Zahl Acht und die Kreisform der sogenannten Rotunde stehen symbolisch für die Unendlichkeit. Die gesamte Konstruktion des Kirchenbaus – und das ist wirklich ein beeindruckender Anblick – wird von einer einzigen kräftigen Säule in der Krypta getragen.

Die Michaelskirche und ihre geheimnisvolle Krypta können tagsüber außerhalb der Gottesdienste besichtigt werden. Gerne wird die stimmungsvolle Kirche für Trauungen und Taufen genutzt.

..........

● Michaelskirche, Michaelsberg 1, 36037 Fulda
● ÖPNV: Bus 2 (Fulda Pozzistraße), Haltestelle Fulda Dom oder Hinterburg

# Pittoreskes Ensemble

## Entdeckungstour durchs Barockviertel

Klar, wir Fuldaerinnen und Fuldaer kennen unsere Stadt wie unsere eigene Westentasche. Doch bei einer Entdeckungstour durch das Barockviertel können auch wir noch staunen und eine Menge dazulernen. Zum Beispiel, wer Johann Dientzenhofer war. Der Architekt zählt zu den bedeutendsten deutschen Barockbaumeistern und hat die meisten Barockgebäude in Fulda entworfen. 1700 wurde er zum Stiftsbaumeister ernannt und hat wie kaum ein anderer das Gesicht der Stadt geprägt. Das Besondere an Fuldas Barockviertel à la Dientzenhofer ist seine Dichte: Zwischen Paulustor und Friedrichstraße sind gleich mehrere wichtige Prachtbauten aus der Zeit des 18. Jahrhunderts vereint. Ein wirklich herrschaftliches Ensemble!

Um kein Highlight zu verpassen, startet der Rundgang am besten nördlich am Paulustor. Der Bau mit seinen drei Wächterfiguren stand einst an anderer Stelle und markiert heute den Anfang des Barockviertels. Von hier öffnet sich der Blick über die kastanienbeschattete Pauluspromenade bis hinunter zum Bonifatiusplatz. Links liegt die Orangerie, ein Kleinod barocker Baukunst direkt am Schlossgarten, und rechts der berühmte Dom mit der Domdechanei. Nur wenige 100 Meter weiter befindet sich das Stadtschloss, das den Fürstäbten und Fürstbischöfen als Residenz diente. Das gold-gelbe Schmuckstück wurde ebenfalls nach den Plänen von Johann Dientzenhofer erweitert und barockisiert. In den Adelspalais, die sich um das Schloss gruppieren, wohnten die Hofbeamten. Dazu zählen das Palais Buttlar mit der heutigen Tourist-Information, das Palais von der Tann – auch Kurfürst genannt – und das Palais Buseck am Bonifatiusplatz. Diese drei Gebäude sowie die Hauptwache stammen aus der Feder des Baumeisters Andrea Gallasini. Fuldas Barockviertel ist nicht nur besonders hübsch, es ist auch besonders lebendig. Denn die historischen Bauten sind Denkmäler und Sehenswürdigkeiten, sie beherbergen aber auch ganz normale Wohnungen, Büros, Gastronomien, eine Kita und die Stadtverwaltung.

## TIPP

Nach der Tour einen Cocktail bei Viva Havanna auf der Terrasse der alten Hauptwache genießen.

- Barockviertel Fulda rund um den Bonifatiusplatz, www.tourismus-fulda.de
- ÖPNV: alle Stadtbusse, Haltestelle Stadtschloss

# Dinge fürs Herz

 Das Lädchen Halemba Style in der Mittelstraße

Große Ketten prägen unsere Innenstädte. Doch letztendlich sind es die kleinen, feinen und mit viel Leidenschaft geführten Läden, die das Gesicht einer Stadt ausmachen. Fulda hat das Glück, besonders viele solcher charmanten Geschäfte zu haben, die von ihren Inhaberinnen und Inhabern mit viel persönlichem Einsatz geführt werden. Ein Schmuckstück ist Halemba Style in der Mittelstraße: In einem der ältesten Kaufmannshäuser der Stadt bietet Anja Halemba eine wirklich mit Herzblut zusammengestellte Auswahl an Schmuck, Wohnaccessoires, Geschenkideen, Taschen und fairer Mode an. Ein stimmiger Mix aus Qualität und Einzigartigkeit, für den Halemba Style schon beim hessenweiten Wettbewerb „Mein Lieblingsladenlokal" ausgezeichnet wurde.

Jeder Tag im Laden – so erzählt es Anja Halemba – sei anders. Und jeder einzelne bereite ihr Freude. Mal kommt eine Kundin auf der Suche nach einem Konfirmationsgeschenk, mal sucht jemand eine passende Bluse fürs Partyoutfit, mal möchte jemand einfach nur quatschen und Neuigkeiten austauschen. Viele Kundinnen schauen regelmäßig vorbei, denn je nach Saison gibt es immer wieder Neues und oft Unerwartetes zu entdecken. Langweilig jedenfalls wird es nie. Bei der Auswahl der Produkte setzt Anja Halemba komplett auf ihr Bauchgefühl und wählt alles nach persönlichem Geschmack aus. Jede einzelne Marke, jedes einzelne Produkt liegt ihr am Herzen. So kam es auch, dass nur nachhaltige Kleidung den Weg ins Sortiment gefunden hat, denn Rücksicht auf Mensch, Tier und Umwelt sind der Inhaberin wichtig. Die allermeisten Dinge im Laden sind in Deutschland oder in der EU gefertigt, bestehen aus nachhaltigen Materialien und kommen eher von kleinen, individuellen Labels. Regionale Produkte wie Rhöner Seife runden das Angebot ab. Mit diesem einmaligen Konzept ist Halemba Style ein Tipp für alle, die einen Sinn für Schönes und faire Mode haben, ein Geschenk suchen oder sich einfach inspirieren lassen möchten.

......................................................................
- Halemba Style, Mittelstraße 3, 36037 Fulda, Tel. (06 61) 96 18 80 42
www.halemba-style.de
- ÖPNV: Bus 3 (Maberzell, Bimbach), Haltestelle Robert-Kircher-Straße

# Auszeit zu Fuß

## Am Aueweiher im Naherholungsgebiet Fuldaaue

Ob bei Sonne, Schnee oder Mondschein. Mit Hund, alleine oder in einer Gruppe: Spazierengehen macht in jeglicher Konstellation Spaß und ist eine der unterschätztesten Aktivitäten überhaupt. Wenn auch noch die Umgebung stimmt und sich ein, zwei inspirierende Mitgehende für ein „Walk and Talk" anschließen, kann ein Spaziergang zum echten Alltagsglück werden.

Eine perfekte Spazierrunde gibt es nahe der Innenstadt am Aueweiher – einer grünen Oase mitten in Fulda. Das Feuchtbiotop liegt zwar direkt am Fluss Fulda, wurde aber künstlich angelegt und bestand jahrzehntelang aus zwei Weihern, die für die Landesgartenschau 2023 zusammengelegt wurden. Mehrere kleine Inseln bieten Tieren wie dem Biber, dem Graureiher oder dem Eisvogel einen wertvollen Lebensraum und viele Vogelarten nutzen das Naturparadies als Rastplatz auf dem Weg in den Süden. Auch Libellen fühlen sich hier wohl und an warmen Tagen kann man sogar Schildkröten, die irgendwann einmal ausgesetzt wurden, beim Sonnenbaden beobachten. Der Spazierweg startet am Parkplatz Aueweiher und führt einmal um den See herum. Immer wieder finden sich Sitzbänke oder Wiesen zum Ausruhen.

Weil der Rundweg nur 1,5 Kilometer kurz ist, lohnt es sich, ihn zu verlängern – am besten an der Fulda entlang Richtung Innenstadt. Auf der linken Seite des Rad- und Spazierweges liegen viele spannende Stationen, sodass man hier einen ganzen Tag verbringen kann. Nach einem Reiterhof, einem Segelflugplatz und einem Wohnmobilstellplatz kommt das Areal des Umweltzentrums mit Biergarten, Barfußpfad und Kneippanlage. Rund 25.000 Besucherinnen und Besucher jährlich zählt das Deutsche Feuerwehr-Museum, das wenige Meter weiter in der Fuldaaue liegt und der Geschichte des deutschen Brandschutzes gewidmet ist. In zwei Hallen ist eine Erlebnislandschaft mit Fahrzeugen und Löschgeräten ausgestellt, vom einfachen Ledereimer bis zu großen Feuerwehrautos. Hinter dem Museum befinden sich eine Skateranlage und ein Spielplatz mit Seilbahn und Röhrenrutsche.

## TIPP

In Fulda erstreckt sich ein Radwegenetz von 500 Kilometern, einige Wege führen am Aueweiher vorbei.

● Aueweiher, Parkplatz Aueweiher, Johannisstraße 35, 36041 Fulda, www.tourismus-fulda.de
● ÖPNV: Bus 6 (Bronnzell), Haltestelle Fulda Martin-Luther-Platz

# Deckenkino

 Fürstensaal im Stadtschloss Fulda

Gänsehautstimmung und Nackenschmerzen liegen im imposantesten Saal der Stadt – dem Fürstensaal im Stadtschloss – ganz nah beieinander. Denn immer wieder wandert der Blick nach oben an die Decke, die mit ihren reich verzierten Stuckaturen, prunkvollen Deckengemälden und edlen Kronleuchtern eine wahre Augenweide ist. Am liebsten möchte man sich heimlich auf den Boden legen und die Deckenlandschaft des Tiroler Freskenmalers Melchior Steidl ganz in Ruhe genießen.

Das geht natürlich nicht, denn den barocken Fürstensaal bekommen Besucherinnen und Besucher ausschließlich bei einer Schlossführung oder einer Veranstaltung zu Gesicht und haben ihn nie ganz für sich allein. Der Festsaal befindet sich im zweiten Obergeschoss vom zentralen Querbau des Fuldaer Stadtschlosses, das einst die Residenz der Fuldaer Fürstäbte und Fürstbischöfe war und von Dombaumeister Johann Dientzenhofer erbaut wurde. Die Schlossanlage mit ihrem prächtigen Schlossgarten liegt direkt am Beginn der Innenstadt und dient heute als Sitz der Stadtverwaltung. Die wichtigsten historischen Räume wie der Fürstensaal, seine Nebenräume, die Spiegelsäle und der fürstliche Wohntrakt sind aufwendig restauriert und bieten als Museum einen Blick in die Lebenswelt des Barockzeitalters. Hier kann man auch heiraten – eine pittoreske Kulisse!

Der Fürstensaal selbst wird heute rege genutzt und ist ein beliebter Ort für Veranstaltungen jeglicher Art, zum Beispiel für hochkarätige Konzerte, Fastnachtsveranstaltungen, Stadtverordnetenversammlungen oder Sitzkissenkonzerte verschiedener Jugendchöre. Eine feste Größe im Fuldaer Kulturkalender ist die Lesereihe „Literatur im Stadtschloss", die Jahr für Jahr erstklassigen Autorinnen und Autoren eine Bühne im Fürstensaal bietet. Dabei waren schon Günter Grass, Herta Müller, Harry Rowohlt oder Hanns-Josef Ortheil. Zum Abschluss der Reihe wird der „Literaturpreis Fulda" für das Romandebüt des Jahres vergeben, eine mittlerweile renommierte Auszeichnung.

## TIPP

Der Fürstensaal ist eine Station der 45-minütigen Schlossführung „Historische Räume".

● Fürstensaal im Stadtschloss Fulda, Schlossstraße 1, 36037 Fulda
www.tourismus-fulda.de
● ÖPNV: alle Stadtbusse, Haltestelle Stadtschloss

# Pilgerort für Musicalfans

## Das Schlosstheater Fulda

Im Jahr 2004 gab es eine legendäre Aufführung im Schlosstheater Fulda, die die Geschichte der Stadt ein klein wenig umgeschrieben hat: Die Welturaufführung von „Bonifatius – Das Musical" gilt als Startschuss für die Entwicklung von Fulda zur bundesweit und vielleicht sogar international anerkannten Musicalstadt.

Rund 850 Musicalaufführungen hat es seit der Bonifatius-Premiere gegeben und immer wieder kommen neue Stücke hinzu. Das passionierte Fuldaer Unternehmen Spotlight entwickelt und veranstaltet die Musicals selbst und wählt dabei meist Stücke mit historischem Hintergrund wie „Die Päpstin", „Der Medicus" oder „Die Schatzinsel". Die aufwendigen Produktionen, die jedes Jahr in den Sommermonaten exklusiv im Schlosstheater aufgeführt werden, sorgen stets für viel positiven Wirbel – vor allem für Musik, Darstellung, Tanz und Bühnenbild. Stars wie Chris de Burgh arbeiten an den Produktionen mit und garantieren eine hohe Qualität. Weil mittlerweile auch viele Gäste extra wegen der Musicals nach Fulda kommen, gilt der Musicalsommer als das zentrale Fuldaer Ereignis im Jahr mit großer Bedeutung für die Gastronomie, die Hotellerie und den Einzelhandel.

Doch auch neben den Musicals ist das Schlosstheater Dreh- und Angelpunkt des städtischen Kulturangebots. Das reiche Programm umfasst Konzerte, Opern und Schauspiel sowie Tanztheater und ein Junges Theater für Kinder und Jugendliche. Auch Lesungen und Kabarett stehen auf dem Spielplan, der pro Saison mehr als 60 Veranstaltungen umfasst und rund 35.000 Besucherinnen und Besucher erreicht. Nationale Tourneebühnen sind hier gerne zu Gast und schätzen das charmante Ambiente des in den 1970er-Jahren zum modernen Theater ausgebauten Barockbaus von 1741. Wer einmal im Publikum saß, wird sich wahrscheinlich für immer an die goldene Decke des Hauses erinnern – ein absoluter Hingucker mit 75.000 Stäben aus edlem venezianischen Muranoglas.

● Schlosstheater Fulda, Schlossstraße 5, 36037 Fulda
www.musicalsommer-fulda.de
● ÖPNV: alle Stadtbusse, Haltestelle Stadtschloss

# Was für eine Aussicht!

Auf der Terrasse vom Flora Klostercafé

Als das Flora Klostercafé im Jahr 2017 eröffnet wurde, dachte so manch einer: „Was für eine perfekte Lage, hier hätte schon immer ein Café sein sollen!" Die Location liegt – nur eine Viertelstunde zu Fuß vom Dom entfernt – hoch oben auf dem Frauenberg im Schutz der Klostermauern und bietet eine fantastische Sicht über Fulda bis in die Rhön. Auf der großen Innenhofterrasse lässt es sich prima ins Weite blicken und über das Leben sinnieren. Vor allem wenn die Sonne strahlt, fühlt sich alles sehr nach Urlaub an.

In den warmen Monaten verteilen sich die Tische, Stühle und Bänke über den gesamten Innenhof und laden ein, Platz zu nehmen und einen Blick in die Speisekarte zu werfen. Das inklusive Team bietet Frühstück auf kleinen Etageren, einfache Vesperspeisen, vegane und vegetarische Gerichte sowie Kaffee und selbst gebackenen Kuchen. Ein Bestseller ist das hauseigene Bier „Frauenberger Frohnatur", das das Hochstiftliche Brauhaus in Fulda für die Franziskanerbrüder und das Netzwerk antonius braut. Die Kooperationspartner führen das Café als gemeinsames Projekt, um den Frauenberg mit Leben zu füllen und einen Ort der Begegnung für alle Menschen zu schaffen. Regelmäßig organisieren die Projektpartner auch Veranstaltungen im Außenbereich wie Terrassenkonzerte, den weihnachtlichen Glühweintreff „Winterzauber" oder das Beisammensein mit Snacks und Getränken nach Gottesdiensten in der Klosterkirche. Von der Innenstadt kommend, erreicht man das Café über einen langen Treppenweg, der relativ steil bergauf führt. Alternativ kann man am Friedhof am Frauenberg parken und etwas sanfter zur Kirche hinauflaufen. Unterhalb der Kirchenpforte Richtung Innenstadt liegt der Eingang zum Café durch einen großen Torbogen in der Klostermauer. Der Aufstieg lohnt sich übrigens auch im Winter: Die Innenräume sind stilvoll und modern gestaltet. Holzmöbel und warme Farben erzeugen ein gemütliches, stimmiges Flair zum Wohlfühlen.

## TIPP
Nach dem Café auch den Klostergarten mit den süßen Schafen Franzi und Toni besuchen.

- Flora Klostercafé, Am Frauenberg 1, 36039 Fulda, Tel. (06 61) 1 09 53 00
www.flora-fulda.de
- ÖPNV: Bus 1 (Fulda Pozzistraße), Haltestelle Fulda Frauenberg plus 6 Minuten Fußweg

# Fulda in elf Stationen

 Bonifatiusstieg zwischen Innenstadt und Horas

Seit 2021 hat Fulda eine neue Attraktion für Einheimische und Gäste aus aller Welt: den Bonifatiusstieg. Der 5,6 Kilometer lange Rundweg führt zu Plätzen der Stadt, an denen das Wirken des Stadtheiligen Bonifatius besonders erlebbar ist. Der englische Missionar und sogenannte „Apostel der Deutschen" gab 744 den Auftrag für die Gründung des Klosters Fulda und gilt damit als einer der Gründungsväter der Stadt. Der Spazierweg ist aber nicht nur für Bonifatius-Fans interessant. Die entspannte und abwechslungsreiche Tour verbindet viele sehenswerte Orte von Fulda miteinander und belohnt zwischendurch mit wundervollen Ausblicken. Zudem ist der Weg abwechslungsreich und führt sowohl durch städtische als auch ländliche Gegenden, durch die Fuldaauen und zum bewaldeten Frauenberg hinauf.

Elf Stationen an besonders ruhigen oder historischen Orten laden zum Innehalten ein. Man erkennt sie an einem goldenen Bischofsstab, einer steinernen Bank, einer Steinplatte mit Mosaikkreuz auf dem Boden und einer Informationstafel zum Wirken von Bonifatius.

Spaziergängerinnen und Spaziergänger können den Bonifatiusstieg an jeder einzelnen Station starten. Wer bequem parken möchte, stellt sein Auto am Parkplatz Weimarer Straße ab und beginnt den Rundweg an der Station 7 „An der Fulda" nahe dem Kanuclub. Entlang der Fulda geht es zuerst zum Stadtteil Horas, wo Bonifatius an einem heute nach ihm benannten Brunnen getrunken haben soll. Nach einem Besuch der Bonifatiuskirche und dem Park der Stille folgt der Aufstieg über den Kalvarienberg zum Kloster Frauenberg. Von hier sieht man schon den Hohen Dom, wo Bonifatius begraben ist. Der eine Kilometer zwischen Frauenberg und Dom gehört nicht offiziell zum Bonifatiusstieg, lässt sich aber entlang der Alfred-Dregger-Allee und der Pauluspromenade entspannt laufen. Über das Bonifatiusdenkmal, den Fastnachtsbrunnen und die Tränke geht es zurück in die Fuldaauen zum Ausgangspunkt.

............

- Bonifatiusstieg, Start z. B. an Station 7 nahe Parkplatz Weimarer Straße, 36039 Fulda (Flyer zum Download auf www.tourismus-fulda.de)
- ÖPNV: Bus 2 (Fulda Pozzistraße), Haltestelle Weimarer Straße

# Barockjuwel

## Schloss Fasanerie in Eichenzell

Es liegt keine 15 Autominuten von Fulda entfernt zwischen Eichenzell und Engelhelms und gilt als eines der schönsten Barockschlösser Hessens: Schloss Fasanerie.

Hier weiß man gar nicht, was man beeindruckender finden soll – den romantischen Schlosspark oder das prachtvolle Barockensemble. Das Staunen fängt beim Schlossgarten an: Der 100 Hektar große Landschaftspark ist schützend von einer Mauer umgeben und wirkt wie eine Ideallandschaft. Es gibt kunstvoll angelegte Seen, einen Teich und Bachlauf, wilde Wiesen und gepflegte Beete sowie locker arrangierte Baumgruppen und einen von Alleen durchkreuzten Wald. Zwei Pavillons und mehrere kunstvolle Skulpturen erzählen von der glanzvollen Pracht des ausgehenden Barockzeitalters. Der Park ist heute ein Gartendenkmal und lockt zu allen Jahreszeiten Spaziergängerinnen und Spaziergänger in die „Fasanerie".

**TIPP**
Sehr zu empfehlen ist der 5 Kilometer lange Wanderweg um die äußere Schlossmauer herum.

Das Schloss selbst ließ Fürstabt Adolf von Dalberg um 1735 als Landschlösschen vor den Toren Fuldas errichten. Wenig später baute es Baumeister Andrea Gallasini als Sommerresidenz aus. Nach einer wechselvollen Geschichte und auch Zerstörung im Zweiten Weltkrieg erstrahlt es heute in voller Pracht und beherbergt ein Schlossmuseum, das zu den bedeutendsten in Deutschland zählt. 60 Schauräume zeigen Mobiliar und Ausstattungskunst des 18. und 19. Jahrhunderts und erlauben einen lebendigen Einblick in die höfische Wohnkultur. Vor allem die Porzellan- und Antikensammlung wird von Kennern geschätzt und eine jährlich wechselnde Sonderausstellung ergänzt die Dauerausstellungen. Von April bis Oktober finden zudem feine Konzerte, Theateraufführungen oder Lesungen im Großen Saal, an den Pavillons, im Paradehof oder im Orangeriegarten statt. Wer nach so viel barocker Kultur eine Pause braucht, ist im Biergarten am Postenhaus mit seinem süßen Spielplatz oder im Café-Restaurant Die Fasanerie mit bezaubernder Sonnenterrasse gut aufgehoben.

- Schloss Fasanerie, 36124 Eichenzell, www.schloss-fasanerie.de
- ÖPNV: Bus 7 (Engelhelms), Haltestelle Engelhelms Ortsmitte plus 14 Minuten Fußweg

# Fuldaer Weingeschichte

## Spätlesereiter-Statue im Schlosshof

Als die Statue vom Spätlesereiter 2021 im Fuldaer Schlosshof aufgestellt und im Rahmen des jährlichen Weinfestes feierlich enthüllt wurde, kannten nur wenige in Fulda die Legende hinter dem Kunstwerk. Doch die Bronzefigur selbst und die Geschichte dazu sind so rührend, dass ein Abstecher zum Schlosshof bei einer Sightseeingtour durch Fulda fest zum Programm gehören sollte.

Die nahezu lebensgroße Skulptur zeigt einen Reiter mit Pferd und stammt von der Berliner Bildhauerin Valerie Ott. Das Duo scheint mitten in der Bewegung eingefroren und wirkt – auch wegen der filigranen Züge – bemerkenswert lebendig und ausdrucksstark. Als Standort wählte die Stadt Fulda die Mittelachse des frisch renovierten Innenhofs vom Stadtschloss. 65.000 Pflastersteine aus Sandstein sollen hier verlegt worden sein, für fast jeden Fuldaer und jede Fuldaerin einer.

Und was hat es nun mit dem Spätlesereiter auf sich? Der Legende nach soll sich dieser 1775 auf dem Weg vom Weingut Johannisberg im Rheingau, das damals zum Hochstift Fulda gehörte, in die Residenzstadt Fulda verspätet haben. Ob wegen eines räuberischen Angriffs oder einer „holden Maid", bleibt ungeklärt. Jedenfalls hatte der Kurier eine Probe reifer Trauben im Gepäck, die dem Fürstabt zur Bestimmung des Erntezeitpunkts vorgelegt werden sollte. Die Rückkehr des Reiters mit der Weinlesegenehmigung verspätete sich um mehrere Wochen, weshalb die überreifen Trauben im Rheingau nicht geerntet und von Edelfäulnis befallen wurden. Ohne große Hoffnung auf einen trinkbaren Wein kelterten die Mönche sie trotzdem – und zwar zur Überraschung aller zu einem vorzüglichen Wein. So entstand der Überlieferung nach die Spätlese, die an Qualität und Güte alles Vorangegangene übertraf.

Übrigens gibt es auch im heutigen Fulda einen Weinberg. Unterhalb vom Frauenberg kümmert sich der Verein Weinhistorisches Konvent um 750 Rebstöcke und hält das Wissen um die Weingeschichte Fuldas lebendig. Das Logo der Gemeinschaft zeigt – natürlich! – den Spätlesereiter.

**TIPP**
Im Herbst passen Wein und Zwibbelsploatz – Fuldaer Zwiebelkuchen vom Blech – perfekt zusammen.

- Spätlesereiter-Statue im Schlosshof vom Stadtschloss, Schlossstraße 1, 36037 Fulda, www.wissen-fulda.de
- ÖPNV: alle Stadtbusse, Haltestelle Stadtschloss

# Danke Ferdi!

 Ferdinand-Braun-Park in der Künzeller Straße

Als der mittlere städtische Friedhof im Jahr 2012 in Ferdinand-Braun-Park umbenannt wurde, hatte einer der Gäste ein Plakat mit der Aufschrift „Danke Ferdi!" mitgebracht. Und in der Tat haben wir dem Fuldaer Physiker Ferdinand Braun, der zu den bedeutendsten deutschen Wissenschaftlern seines Fachs zählt, jede Menge zu verdanken. Zum Beispiel war er maßgeblich an der Entwicklung der Elektronik und drahtlosen Telegrafie beteiligt und hat die Braunsche Röhre erfunden – eine Voraussetzung für Fernseh- und Computerbildschirme. 1909 erhielt er den Nobelpreis und blieb bis heute der einzige Nobelpreisträger der Stadt Fulda.

Das Geburtshaus von Ferdinand Braun – ein ansehnliches Fachwerkhaus – steht in der Kanalstraße fast direkt neben dem historischen Hexenturm. An das Schaffen des genialen Hochschulprofessors, Forschers und Entdeckers erinnert in Fulda ein großes Bronzedenkmal vor der Hochschul- und Landesbibliothek. Eine Schule in Fulda sowie mehrere Straßen in verschiedenen Städten Deutschlands tragen seinem Namen.

Begraben liegt der berühmte Sohn der Stadt in dem heute nach ihm benannten kleinen Park zwischen Künzeller Straße, Friedensstraße und Ellerstraße. Das hübsche Fleckchen Erde ist ein wunderbar friedlicher Ort zum Erholen und Entspannen. Der ehemalige Friedhof ist geprägt von schönen Spazierwegen und einem alten Baumbestand an Kastanien und Hänge-Eschen, die zusammen mit den alten Gräbern und historischen Grabeskreuzen eine mystische Stimmung erzeugen. Eine umlaufende Mauer begrenzt den Park und schirmt ihn von der Stadt ab. Gegenüber liegt zwar das große Einkaufszentrum Emaillierwerk, davon bekommt man im Ferdinand-Braun-Park allerdings nichts mit. Oft kommen Seniorinnen und Senioren aus dem benachbarten Wohnstift hierher, um in der Sonne zu sitzen und die Natur zu genießen. Familien nutzen die Wiesenflächen zum Fußballspielen oder Picknicken oder den im östlichen Teil gelegenen kleinen Kinderspielplatz. Schön, so ein Ort für alle Generationen!

........................................................................................

● Ferdinand-Braun-Park, zwischen Künzeller Straße, Friedensstraße und Ellerstraße, 36043 Fulda
● ÖPNV: Bus 5 (Künzell Kastanienweg), Haltestelle Ellerstraße

# Abendrunde am See

## Haunetalsperre in Marbach

Fulda hat zwar die Fulda, andere größere Gewässer wie Seen gibt es allerdings kaum. Umso mehr wissen die Menschen in der Region die Größe, Schönheit und Vielfalt des Haunestausees bei Marbach in der Gemeinde Petersberg zu schätzen.

Weil die Dörfer an dem Fluss Haune regelmäßig überschwemmt wurden, entstand in den 1950er-Jahren die Idee, einen Stausee mit Damm und Rückhaltebecken zu bauen. Nach vielen Jahren der Grundstücksverhandlungen, Gelderbeschaffungen, Planungen und Baumaßnahmen konnte der Haunestausee 1989 in Betrieb genommen werden. Mit Erfolg: Bei starkem Regen kann der See sein Volumen mehr als verzehnfachen – auf rund 3 Millionen Kubikmeter Wasser – und so die Haune entlasten. Bei einem Starkregen im Mai 2019, bei dem Orte wie Hünfeld, Rückers oder Burghaun früher sicher überschwemmt worden wären, stieg der Pegel des Haunestausees um 4 Meter und schützte so Gebäude, Tiere und Menschen.

Der „Marbachsee" ist aber nicht nur ein Bollwerk gegen Hochwasser, er ist auch ein beliebtes Freizeitgebiet. Rund ums Jahr sind Spaziergängerinnen, Sportler, Angler und Seglerinnen unterwegs und genießen die schöne Naturlandschaft. Rund 1,5 Kilometer ist der See lang und zum Teil 170 Meter breit. Es gibt also jede Menge Platz für Freizeitgestaltung und Erholung. Der Marbacher Lauftreff hat eine 5 Kilometer lange Laufstrecke um den Haunesee mit Start und Ziel in der Nähe der Staumauer ausgeschildert. Zudem führen am Haunesee der Haunetal-Radweg sowie mehrere Wanderwege vorbei. Mitglieder des Wassersportvereins sind regelmäßig mit ihren Jollen auf dem Wasser unterwegs.

Im Südteil des Sees stehen 28 Hektar Fläche unter Naturschutz. In der reichen Auenlandschaft mit Schilfzonen und Feuchtgebieten leben seltene Vogelarten, Amphibien, Fische und Wasserinsekten. Mit etwas Glück kann man vom Vogelbeobachtungsstand direkt am Rundweg Haubentaucher, Zwergtaucher und Eisvögel oder sogar Biber entdecken.

**TIPP**
Im Odenwald gibt es eine gleichnamige Talsperre bei einem gleichnamigen Dorf – nicht verwechseln!

- Haunetalsperre bei Marbach, Parkplatz Haunestausee, Bahnhofstraße 20A, 36100 Petersberg, www.haunesee.de
- ÖPNV: Bus 6 (Marbach), Haltestelle Tromliedeweg plus 18 Minuten Fußweg

# Übers Kopfsteinpflaster

 Spaziergang durch die Tränke

Seit Jahrzehnten wird in Fulda darüber debattiert, ob das in der Stadt viel verbreitete Kopfsteinpflaster erhalten oder ersetzt werden sollte. Mit Rollstühlen, E-Rollern oder hohen Absätzen sind die unebenen Wege eine echte Herausforderung. Zugleich hat Kopfsteinpflaster natürlich auch etwas Romantisches an sich, wie die Tränke zeigt.

Das Ministadtviertel zwischen Fuldaaue und Innenstadt gehört zu den ältesten Siedlungsgebieten von Fulda, was man an den Kopfsteinpflastergässchen und geschichtsträchtigen Häusern leicht erkennen kann. Hier wohnt man zentral, ruhig und nah am Grünen, weshalb das Quartier heute zu den begehrtesten Wohngegenden der Stadt zählt.

Ein Eyecatcher am Beginn der Tränke ist der Fastnachtsbrunnen. Das Kunstwerk zeigt einen türkischen Pascha mit seinen Haremsdamen und ist ein Symbol für die Karnevalsgesellschaft „Türkenbund" oder ganz allgemein für die Fuldaer „Foaset", also die Fastnacht. Hinter dem Fastnachtsbrunnen liegt die Straße Tränke, in deren Mitte ein kleiner Bach verläuft und die von hübsch sanierten Häusern geprägt ist. Auch die Nachbargassen wie der Biensackweg oder An der Blumenmauer sind einen Blick wert.

Am Ende der Tränke beginnen die Fuldaauen mit sattgrünen Wiesen, einem Teich und einem großen Wasserspielplatz. Viele Familien sparen sich im Sommer den Freibadeintritt und kommen zum Planschen und Baden lieber hierher. Dann kann man auch gleich noch mal das Mühlrad der Wiesenmühle nebenan bestaunen: Die Anlage aus dem 13. Jahrhundert gehört zu den größten noch in Betrieb befindlichen Mühlrädern Europas und versorgt das komplette Mühlengebäude inklusive Hotel, Restaurant, Brauhaus und Biergarten mit Energie. Wirklich bemerkenswert ist die Außenanlage der Wiesenmühle, wo in einer Art Innenhof zwischen dem historischen Gebäude und den Fuldawiesen rund 500 Sitzplätze zum Genießen und Beisammensein einladen. Hier kann man einen Tag in Fulda bei hausgebrautem Bier, Holzofenpizza und deutscher Küche wunderbar ausklingen lassen.

- Vom Fastnachtsbrunnen zur Wiesenmühle, Start an der Tränke 1, 36037 Fulda, www.wiesenmuehle.de
- ÖPNV: Bus 2 (Pozzistraße), Haltestelle Abtstor

# Miniurlaub

## Walnussbaum unterhalb der Schulzenkapelle

Walnussbäume brauchen viel Platz und lieben die Sonne. Wer vor vielen Jahren oder Jahrzehnten den Walnussbaum neben dem Wanderparkplatz am Schulzenberg gepflanzt hat, muss das gewusst haben. Denn der Standort erscheint ideal: Hier – an einem Sonnenplatz zwischen einem Getreidefeld und einer Wiese – gedeiht der „Juglans regia" prächtig und hat eine weit ausladende, typisch kugelförmige Krone gebildet. Herrlich, um an warmen Tagen darunter eine Decke auszubreiten und zu picknicken oder im Herbst ein paar Nüsse zu sammeln und direkt vor Ort zu vernaschen. Die Steine vor dem Baum wurden eigentlich als Durchfahrtssperre angelegt, erzeugen aber zusammen mit dem prächtigen Baum ein mystisches Gesamtbild fast ein bisschen wie in Cornwall.

Wenige Meter vom Walnussbaum entfernt – auf der anderen Seite des Wanderparkplatzes – liegt eine öffentliche Feuerstelle mit einem feststehenden Gusseisengrill, an der nach Herzenslust angefeuert und gegrillt werden darf. Etwas oberhalb stehen direkt am Feldrand zwei Sitzgruppen mit Tischen und Bänken. Hier kann man wunderbar mitgebrachten Kaffee und Kuchen oder einen Imbiss genießen. Angelegt wurde die kleine Naherholungsanlage sicherlich an dieser Stelle auch wegen des faszinierenden Ausblicks auf die Natur rund um Fulda, die Stadt selbst und die Hügelkette des Biosphärenreservates Rhön.

Der Parkplatz eignet sich als Ausgangspunkt für einen Spaziergang hoch zum Gipfelbereich des Schulzenberges mit der bezaubernden Herz-Jesu-Kapelle (siehe Glücksort 18) oder entlang der umliegenden Felder. Auch der Milleniumsbildstock am Osthang des Schulzenberges ist einen Besuch wert: Der Maberzeller Steinmetz Jürgen Enders schuf im Jahr 2000 das Sandsteindenkmal, um an 2000 Jahre Christentum zu erinnern. In der Mitte des Bildstockes befindet sich ein Fenster, durch das man die Maberzeller Kirche im Tal sieht. Zwei Säuleneichen und eine Sitzbank flankieren den Bildstock und machen ihn zu einem idyllischen Plätzchen zum Innehalten und Krafttanken.

- Schulzenberg, Wanderparkplatz am Schulzenberg, 36041 Fulda-Haimbach
- ÖPNV: Bus 4 (Rodges IP-West), Haltestelle Haimbach Sportplatz plus 8 Minuten Fußweg

# Von Meisters Hand

## Dientzenhofer-Wohnhaus in der Rittergasse

Als Stiftsbaumeister Johann Dientzenhofer sein bekanntestes Werk – den Fuldaer Dom – erbaute, soll er einen Deal mit seinem Auftraggeber Fürstabt Adalbert von Schleifras gehabt haben: Falls beim Dombau Steine übrig bleiben sollten, dürfe Dientzenhofer diese für ein eigenes Wohnhaus in Fulda, das als Domizil für ihn und seine Familie gedacht war, verwenden. So entstand das Prachtgebäude in der heutigen Rittergasse 4, das kurioserweise bereits im Jahr 1707 und somit früher als der Dom vollendet war. Noch im Erbauungsjahr zog Dientzenhofer nach Bamberg, wo er die Stelle als Hofbaumeister annahm und aus der Ferne die noch laufenden Baustellen in Fulda koordinierte. Man munkelt, nach der Geschichte mit den Steinen sei man hier sowieso nicht mehr so gut auf ihn zu sprechen gewesen.

Was auch immer an der amüsanten Erzählung dran ist – dem Gebäude ist anzusehen, dass ein begabter Meister am Werk war. Schon die Lage ist ausgewählt: Die Rittergasse dient als Verbindung von Kanal- und Pfandhausstraße und verläuft mitten durch die Altstadt. Ganz nahe liegen die damaligen Arbeitsstätten Johann Dientzenhofers wie der Dom oder das Stadtschloss. Zugleich ist das Barockgebäude mit seiner schmucken Sandsteinfassade imposant und verrät über seinen Erbauer interessante Details. An der zum Bonifatiusplatz liegenden Gebäudekante zum Beispiel ist eine barocke Steinskulptur von Johannes Nepomuk angebracht. Der Heilige dient üblicherweise als Brückenheiliger, fungiert hier aber als Namens- und Schutzpatron. Direkt daneben befindet sich ein rundes Fensterlein, das im Mittelpunkt einer weiteren Anekdote steht: Durch das Guckloch soll Baumeister Dientzenhofer die Arbeiten am gegenüberliegenden Schloss überwacht und den Handwerkern durch ein Fernrohr auf die Finger geschaut haben. In der Rittergasse wird Geschichte sprichwörtlich lebendig.

Heute beherbergt das Dientzenhofer-Wohnhaus den Sozialdienst katholischer Frauen Fulda. Der Verein setzt sich für Menschen in Not und gegen Gewalt ein.

## TIPP
Gleich auch durch die Nachbargassen wie Rosengasse, Kanalstraße oder Severiberg bummeln.

● Dientzenhofer-Wohnhaus, Rittergasse 4, 36037 Fulda, www.tourismus-fulda.de
● ÖPNV: alle Stadtbusse, Haltestelle Stadtschloss

# Beim roten Sofa

 Im Wohnzimmer vom Verein Welcome In!

Es ist ein simples Möbelstück und eine herzliche Einladung zugleich: Das rote Sofa vom Verein Welcome In! möchte Menschen miteinander in Verbindung bringen, die sich sonst vielleicht nie begegnen würden – ob Jung und Alt, Menschen mit und ohne Fluchterfahrung oder ehrenamtlich und politisch Engagierte. Das rote Sofa steht im sogenannten Wohnzimmer, einem der Vereinsräume von Welcome In! in der Innenstadt. Der Ort etabliert sich seit der Eröffnung im Jahr 2017 als Kultur- und Begegnungszentrum und ist seit 2020 auch offizieller Stadtteiltreff für die Fuldaer Innenstadt.

In gemütlicher Wohnzimmeratmosphäre finden dort Kinovorführungen, Vorträge oder Länderkochabende statt, und es ist viel Platz für spontane Begegnungen. Neben mehreren Sitzecken, einer Küche und einer Theke gibt es einen Kickertisch und ein Kinderzimmer mit vielen Spielmöglichkeiten. Wöchentliche Angebote wie Sprachkurse, Bewerbungstrainings oder der samstägliche Familienbrunch orientieren sich an den Bedürfnissen der Gäste. Die haupt- und ehrenamtlichen Helferinnen und Helfer, die das Wohnzimmer betreiben und von denen manche selbst eine Flucht hinter sich haben, bringen sich mit ihren ganz eigenen Stärken und Interessen in den Verein ein. Sie geben kostenlos Nachhilfe für Kinder, halten Vorträge zu Herzensthemen oder laden zu traditionellen Festen ihrer Heimatländer ein.

Immer wieder steht das rote Sofa auch auf Bühnen und Plätzen außerhalb des Wohnzimmers. Denn der Verein Welcome In! ist in Fulda gut vernetzt und nimmt regelmäßig an externen Veranstaltungen zum Thema Vielfalt und Integration teil – zum Beispiel an der Interkulturellen Woche. Oberstes Ziel ist das Engagement für eine friedliche, offene und solidarische Gesellschaft. Das zeigt auch der Spruch, den Welcome In! in Fuldaer Platt auf Aufkleber gedruckt hat: „In Foll schwätze mer au mit uiswärtiche Lüüd!" – „In Fulda reden wir auch mit auswärtigen Leuten". Das Team von Welcome In! hat also nicht nur ein großes Herz, sondern auch Humor!

- Welcome In!-Wohnzimmer, Robert-Kircher-Straße 25, 36037 Fulda, Tel. (06 61) 20 66 26 25, www.welcome-in.org
- ÖPNV: Bus 3 (Maberzell, Bimbach), Haltestelle Robert-Kircher-Straße

# Barocke Schönheit

## Orangerie am Schlossgarten

Den besten Blick auf die Orangerie hat man von der Kaisersaalterrasse aus, wie der etwas erhöht liegende Schlossgartenbereich auf der Rückseite vom Stadtschloss genannt wird. Dieser befindet sich wenige Meter nach dem Haupteingang an der Pauluspromenade auf der rechten Seite, nach wenigen Treppenstufen nach oben. Von hier aus schweift der Blick über die symmetrisch angelegten Blumenbeete, den Brunnen mit seiner großen Fontäne, die Freitreppen und die Orangerieterrasse auf das barocke Prachtgebäude. Auch der markante goldene Dachschmuck der Orangerie, die Ananas als Symbol für Exotik, ist gut erkennbar.

Erbaut wurde die Orangerie ab 1721 als Winterquartier für Zitruspflanzen und sommerlicher Austragungsort für die Feste der Fürstäbte. Die Pläne stammen von Maximilian von Welsch, einem der bedeutendsten deutschen Baumeister des 18. Jahrhunderts.

Heute gehört die Orangerie zum Hotel Maritim und ist ein beliebter Veranstaltungsort. Im großen Festsaal finden Tagungen, Konzerte und Ballnächte statt, und der Apollosaal in der Mitte des Gebäudes ist das wohl prachtvollste Café der ganzen Stadt. Der cremefarben gehaltene Raum ist lichtdurchflutet und beeindruckt mit prunkvollen Kronleuchtern und einem überwältigenden Deckengemälde. Das Meisterwerk des Barockmalers Emanuel Wohlhaupter zeigt den Sonnengott Apollo mit seinem Sonnenwagen und zaubert aus der vollkommen geraden Decke eine scheinbar gewölbte Kuppel. Eine spannende optische Täuschung!

Gäste können auch auf der Sonnenterrasse Kaffee trinken oder zu Abend essen und von dort den Blick auf den Schlossgarten genießen. Auf der großen Freitreppe vor der Terrasse fällt direkt die Floravase ins Auge, ein weiteres beliebtes Wahrzeichen Fuldas. Die fast 7 Meter hohe Steinskulptur zeigt die Göttin Flora mit einer goldenen Lilie in ihrer Hand. Unglaublich, dass die Plastik aus einem einzigen Stein geschaffen wurde.

● Orangerie, Pauluspromenade 2, 36037 Fulda
● ÖPNV: Bus 1 (Fulda Pozzistraße), Haltestelle Fulda Paulustor

# Savoir-vivre

## Sommer im Museumshof

In den Sommermonaten fragt man sich bei einem Bummel durch die Innenstadt manchmal, wann und wo die Fuldaerinnen und Fuldaer eigentlich arbeiten: Von früh bis spät sind die vielen Straßencafés und Außengastronomien oft bis auf den letzten Platz gefüllt von Menschen, die das Leben in vollen Zügen zu genießen scheinen. Es macht den Eindruck, als würde man in dieser Stadt den Tag vom ersten Morgenkaffee über das Mittagessen und die Kuchen-und-Eis-Pause am Nachmittag bis zum Feierabendwein draußen im Café, im Restaurant oder in einer Bar verbringen. Der Verdacht, dass hier gerne geschlemmt, zusammen gesessen und gefeiert wird, erhärtet sich auch beim Blick in den Museumshof – den Innenhof vom Vonderau Museum mitten im Stadtkern.

Der stimmungsvolle Kopfsteinpflasterhof, der von einem zartgelben Barockbau vollständig umschlossen ist und den man vom Universitätsplatz aus durch einen großen Torbogen betritt, ist eine häufig genutzte Location für sommerliche Kulturveranstaltungen. Schon seit vielen Jahren und Jahrzehnten finden hier Filmfestivals, Konzerte, Theateraufführungen oder das jährliche Weinfest unter freiem Himmel statt. Doch seitdem die Coronapandemie Draußenformate erst notwendig und dann populär gemacht hat, erfährt der Museumshof mit seiner tollen Akustik, der geschützten Atmosphäre und dem barocken Charme eine regelrechte Wiederbelebung. Unter dem Motto „Kultur.findet.Stadt." zum Beispiel bieten die Stadt Fulda und ihr Kooperationspartner Kulturzentrum Kreuz verschiedenste Events von Livemusik über Comedy und Lesungen bis Science Slams und Kindertheater an. Musikalisch mit dabei waren schon Weltstar Chris de Burgh, bundesweit bekannte Bands wie die Antilopen Gang, Faber oder Bukahara und regionale Künstler wie die Mambo KingX. Pro Sommer kommen manchmal mehr als 75 Veranstaltungen zusammen. Es lohnt sich also, den Veranstaltungskalender für den Fuldaer Museumshof fest im Blick zu haben!

● Museumshof, Jesuitenplatz 2, 36037 Fulda
● ÖPNV: Bus 4 (Pilgerzell), Haltestelle Fulda Universitätsplatz

# Stille finden

## Das Kloster Frauenberg über der Stadt

Seit Jahrhunderten ist das Kloster Frauenberg ein Ort der Spiritualität und Gastlichkeit. Der Frauenberg gilt als Hausberg Fuldas und das weithin sichtbare Kloster ist eines der wichtigsten Wahrzeichen der Stadt.

Die ganze Schönheit der Anlage genießt man am besten bei einem Spaziergang, der direkt am Dom startet und über die Pauluspromenade, durch das Paulustor und dann entlang des Hundeshagenparks bis zur Marienstraße am Fuße des Frauenbergs führt. Alternativ gibt es hier auch einen Parkplatz. Parallel zur Marienstraße verläuft auf der rechten Seite ein Spazierweg, der durch eine großflächige Parkanlage und später einmal um den bewaldeten Berg herumgeht. Verschlungene Wege, hohe Bäume, freie Wiesen und herumwuselnde Eichhörnchen erzeugen ein idyllisches Ambiente. Auf der linken Seite öffnet sich immer wieder der Blick auf herrschaftliche Villen, die Fuldaauen oder die Stadtteile Horas und Aschenberg. In der Nähe des Friedhofs steigt der Weg steil an und führt zu einem kleinen Plateau mit einem verwunschenen Teich und ruhigen Bänken. Ein perfekter Platz, um die Stille des Ortes zu genießen.

Von hier aus sieht man etwas höher gelegen schon das Kloster Frauenberg aufragen mit seiner Barockkirche und den Klostergebäuden. Der Klosterberg hat eine lange Historie – schon Bonifatius soll sich im 8. Jahrhundert beim Bau des Fuldaer Klosters hierher zurückgezogen haben. Im Jahr 802 entstand das erste Kloster und seit mehr als vier Jahrhunderten wirken Franziskaner auf dem Frauenberg. Aktuell sind es noch zehn Brüder, die im Kloster leben und arbeiten. Sie kooperieren mit dem Inklusionsnetzwerk antonius und betreiben ein modernes Tagungskloster, das Flora Klostercafé, eine Wäscherei, eine Schneiderei sowie den öffentlich zugänglichen Klostergarten. Einmal im Monat laden die Franziskaner und antonius zu den sogenannten Hoch-oben-Gottesdiensten in die Klosterkirche ein, die stets unter einem anderen Motto stehen und wegen ihrer lebendig-lockeren Stimmung überaus beliebt sind.

## TIPP

Für Gruppen bietet die Tourist-Information Fulda eine einstündige Spezialführung durch das Kloster.

● Kloster Frauenberg, Parkplatz Frauenberg, Am Frauenberg, 36039 Fulda (Infos zum Tagungskloster: www.frauenberg-fulda.de)
● ÖPNV: Bus 1 (Fulda Pozzistraße), Haltestelle Fulda Frauenberg plus 4 Minuten Fußweg

# Ein Stück Zuhause

## Die Bar Heimat. am Buttermarkt

Jede Stadt hat ihre Geschichten. Eine urtypisch fuldische Geschichte ist die vom „Fuldaer Rucksäck". Sie erzählt davon, wie früher viele Fuldaerinnen und Fuldaer mit dem Zug ins Rhein-Main-Gebiet fuhren, um die Woche über dort zu arbeiten. Mit dabei hatten sie der Legende nach stets einen großen Rucksack voller Lebensmittel aus der Heimat, um die Zeit in der Ferne auch kulinarisch zu überstehen. Sobald der Dom nicht mehr in Sicht war, wurde der erste Proviant ausgepackt und schon im Zug verspeist – was den Pendlern aus Fulda den Spitznamen „Fuldaer Rucksäcke" einbrachte. Neben Schwartenmagenwurst und Hochstiftbier gehört ein Klassiker bis heute in den Fuldaer Rucksack: Das würzige Kümmelbrot, das man in Fulda an jeder Ecke bekommt. Wer eine dick belegte Kümmelbrotstulle probieren möchte, ist in der Bar Heimat. am Buttermarkt bestens aufgehoben. Auf Holzbrettchen gibt es hier gigantische Stullen, die mal rustikal mit Griebenschmalz, Röstzwiebeln und Schnittlauch oder mal deliziös mit Rote-Beete-Creme, Schafskäse und Walnüssen belegt sind. Unter dem Motto „Appetit holt man sich woanders, gegessen wird daheim" setzen die Inhaber Paul und Felix – zwei Kumpels und kreative Köpfe – konsequent auf regionale Spezialitäten, die sie experimentell interpretieren. Einen festen Platz auf der Speisekarte haben neben den Stullen auch leckeren Suppen und Salate sowie Rhöner Tapas oder Schwartenmagen-Burger, wobei im Menü alle regionalen Produkte mit einem roten Punkt markiert sind.

Wie das Essen ist auch das Ambiente der Bar traditionell-bodenständig, locker-trendig und ganz ohne Schnickschnack. Viele fühlen sich hier wie in ihrem zweiten Wohnzimmer und kommen regelmäßig vorbei. Im Winter ist es urig und gemütlich, im Sommer stehen Tische und Stühle draußen auf dem wunderbaren Buttermarkt und oft gibt es abends eine Veranstaltung – ob Livemusik, Clubparty oder Karaokeabend. In der Heimat. kann man gar nicht anders – man fühlt sich direkt zu Hause.

> **TIPP**
> Die Heimat. ist Mitglied in der Initiative „Rhöner Charme", erkennbar am Logo mit dem schwarzen Hahn.

● Bar Heimat., Buttermarkt 2–6, 36037 Fulda, Tel. (06 61) 95 27 35 97
www.heimat-fulda.de
● ÖPNV: Bus 4 (Pilgerzell), Haltestelle Fulda Peterstor

**Bibliografische Informationen der Deutschen Nationalbibliothek**
Die Deutsche Nationalbibliothek verzeichnet diese Publikation in der Deutschen Nationalbibliografie; detaillierte bibliografische Daten sind im Internet über http://dnb.d-nb.de abrufbar.

© 2022 Droste Verlag GmbH, Düsseldorf
**Konzeption/Satz:** Droste Verlag, Düsseldorf
**Einbandgestaltung und Illustrationen:** Britta Rungwerth, Düsseldorf, unter Verwendung von Bildern von © Fotolia.com: jd – photodesign.de; © iStock: Plociennik Robert
**Fotos:** Christine Reith, außer:
S. 33: Anne Heidel; S. 45, S. 139: Christian Tech; S. 69, S. 163: Kulturzentrum Kreuz e.V.

**Druck und Bindung:** LUC GmbH, Greven
**ISBN 978-3-7700-2372-1**

www.droste-verlag.de